LA VIE PRIVÉE DES HOMMES

Au temps de

la Grèce ancienne

Mise en pages : Etienne Henocq

LA VIE PRIVÉE DES HOMMES

au temps de

la Grèce ancienne

Texte de Pierre Miquel

Professeur agrégé à l'université

Illustrations de Pierre Probst

Les animaux en ce temps-là

Dossier de Paul-Henry Plantain

HACHETTE
Jeunesse

LA GRÈCE AUX CENT PEUPLES

E lle a cent peuples, et mille rivages. Pour aller d'une ville à l'autre, en Grèce, le chemin le plus court, le plus sûr, le plus facile est toujours de prendre le bateau. Car la Grèce est une chaîne montagneuse très découpée, avec des sommets de plus de 2 000 mètres d'altitude (le Parnasse, l'Olympe), et qui plonge directement dans la mer Egée. Les plaines sont minuscules et séparées les unes des autres par des barrages montagneux ; des défilés étroits permettent de communiquer, difficilement, d'un pays à l'autre.

D u nord au sud, ces pays sont très individualisés : au nord, une sorte de trident montagneux, la Chalcidique, sépare les montagnes de Thrace -, qui courent à l'est jusqu'aux détroits du Bosphore et de l'Hellespont -, de la riche plaine de Macédoine, à l'ouest, où les chevaux paissent à l'aise dans l'herbe haute. La Macédoine est séparée de la plaine riche en blé de Thessalie, plus au sud, par le massif compact de l'Olympe, qui barre la route aux envahisseurs. Les plis transversaux du Pinde séparent, vers l'ouest, la Thessalie de l'Epire, pays aride et montagneux. Il faut franchir l'étroit défilé des Thermopyles pour atteindre, en venant du nord, la Béotie, pays de Thèbes et l'Attique, pays d'Athènes. Il faut franchir les monts du Parnasse pour envahir le territoire de Delphes, aimé des dieux. Il faut enfin franchir l'isthme de Corinthe si l'on veut pénétrer dans la presqu'île montagneuse du Péloponnèse où les villes sont nombreuses et puissantes : Corinthe au nord, Olympie à l'ouest, Sparte au sud, Mycènes, Argos et Epidaure à l'est.

L a Grèce des îles est encore plus variée : certaines sont immenses et balisent, en quelque sorte, la mer Egée. C'est le cas de la Crète et de Rhodes, qui la ferment au sud ; de Samothrace, Lemnos et Lesbos, les dernières étapes avant l'entrée des détroits qui conduisent à la mer Noire. Les côtes de la Grèce continentale sont elles-mêmes flanquées d'îles : Corfou et Ithaque à l'ouest, la grande île de l'Eubée à l'est. Des archipels ponctuent la mer Egée, d'un bout à l'autre, de chapelets d'îles montagneuses, plus ou moins fertiles : les Sporades au nord et au sud-est, les Cyclades au centre.

LES PREMIERS GRECS

R iche en chèvres plus qu'en vaches, en ânes plus qu'en chevaux, le territoire grec a été peuplé plus par des marins que par des agriculteurs. Pourtant tout ce qui pouvait être cultivé l'a été, en blé, en vigne, en olivier. Le climat ensoleillé permet des récoltes partout où la terre peut s'accrocher au rocher. C'est vers 2000 avant Jésus-Christ -les Egyptiens ont alors derrière eux un millénaire de civilisation- que les premiers peuples, correspondant à ce que nous appelons les Grecs, arrivent dans la péninsule.

Les distances par mer pour les marins grecs

Le Pirée-Lesbos : trois jours.
Le Pirée-Byzance : six jours.
Le Pirée-Sinope : dix jours.
Le Pirée-Panticapée (mer d'Azov) : 12 jours.
Crète-Egypte (en direct) : cinq jours.
Rhodes-Egypte : quatre jours.

Ass. G. BUDÉ

Les boissons des Grecs

L'eau des sources et le lait de chèvre.
L'hydromel, mélange de miel et d'eau.
Le vin doux.

Le vin mélangé à l'eau salée et à divers ingrédients (aromates, menthe, cannelle, thym) : c'est le vin "résiné" d'aujourd'hui.

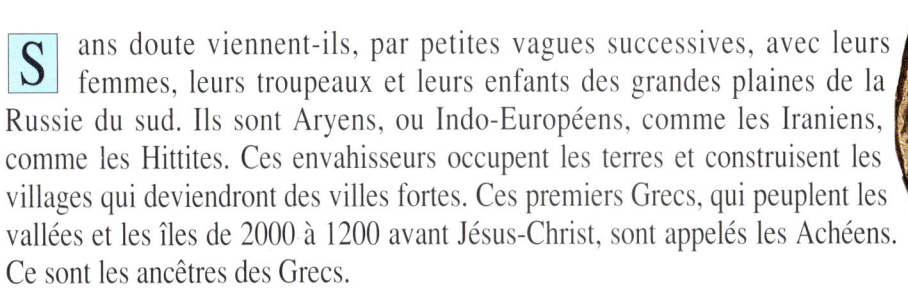

Monnaie grecque. Vers 350 av. J.-C.

Ph. ARTEPHOT/HELD

Sans doute viennent-ils, par petites vagues successives, avec leurs femmes, leurs troupeaux et leurs enfants des grandes plaines de la Russie du sud. Ils sont Aryens, ou Indo-Européens, comme les Iraniens, comme les Hittites. Ces envahisseurs occupent les terres et construisent les villages qui deviendront des villes fortes. Ces premiers Grecs, qui peuplent les vallées et les îles de 2000 à 1200 avant Jésus-Christ, sont appelés les Achéens. Ce sont les ancêtres des Grecs.

Les Achéens s'installent de préférence sur les collines et les côtes du Péloponnèse. On a retrouvé des restes de leur civilisation à Mycènes et dans les villes proches de Tirynthe et d'Argos. On sait que ces Achéens ont envahi la grande île de Crète, déjà peuplée et civilisée, autour de 1400 avant Jésus-Christ. Ils sont donc allés aussi loin qu'ils le pouvaient vers le sud. ls se sont aussi répandus vers l'est, en construisant des navires légers et maniables.

Les premiers Grecs sont déjà des marins, et pas seulement des éleveurs de moutons et de chèvres. On les trouve très vite dans les îles de la mer Egée et jusque sur les côtes de l'Asie Mineure où ils assiègent et s'emparent de la ville de Troie, sans doute vers 1200 avant Jésus-Christ. Ces guerriers, dirigés par des chefs qu'ils appellent "rois", ont des chars et des armes de bronze. Ils construisent des places fortes en utilisant des pierres géantes. Ils adorent des dieux et fondent des familles. Ils se font enterrer solennellement dans des tombeaux géants. On a trouvé des traces de leur écriture. Les premiers Grecs, les Achéens, ont une civilisation.

Ces premiers Grecs sont bousculés, à partir de 1200 avant Jésus-Christ, par une nouvelle grande vague d'envahisseurs venus du nord, les Doriens. Ceux-ci suivent exactement l'itinéraire de leurs prédécesseurs : ils gagnent le Péloponnèse en venant des bords du Danube. Ils ont des armes en fer et se conduisent en guerriers pillards. Ils prennent et détruisent les villes des Achéens. A leur tour, ils élèvent des cités, se font la guerre entre eux, développent les échanges maritimes avec les îles, reprennent les traditions et les religions des Achéens. Une fusion s'opère sur le sol de la Grèce, entre ses différents occupants.

LE RAYONNEMENT DE LA GRÈCE DES "CITÉS"

*Rome. Musée du Capitole. Art grec.
Buste de Socrate, marbre.* ►

Ph. G. DAGLI ORTI

Périclès ▼

D e 800 à 600 avant Jésus-Christ, la Grèce archaïque se met en place : des villes sont fondées partout où les hommes peuvent trouver des ressources. Elles sont indépendantes, plus ou moins riches. Les plus actives, les plus puissantes, créent des colonies loin vers l'est, sur la côte d'Asie, sur les bords de la mer Noire et même, loin vers l'ouest, sur les côtes de l'Italie du Sud, de la Sicile et jusqu'aux rivages de Gaule (les Phocéens fondent Marseille). Dans ces petites villes, appelées "cités", on parle la même langue, on adore les mêmes dieux, on entend, le soir, les mêmes récits poétiques, ceux d'Homère, et de ses amis poètes. La Grèce de l'*Iliade* et de l'*Odyssée* devient un monde à part, qui se caractérise à la fois par son mode de vie et par une certaine manière de penser. Pourtant la ville guerrière de Sparte, où tout est sacrifié à l'effort physique, à l'entraînement pour le combat, est déjà très différente de la ville plus maritime d'Athènes, particulièrement ouverte aux échanges grâce au port du Pirée, riche en blé et en oliviers grâce aux plaines côtières de l'Attique.

L es Grecs ont entre eux des rivalités incessantes mais ils s'unissent, au Ve siècle, contre un danger commun venu d'Asie. Les grands rois perses, Darius puis Xerxès, prennent et occupent les villes grecques d'Asie et passent les détroits pour envahir la Grèce continentale. Les cités constituent une ligue commune et les Perses sont arrêtés, d'abord sur terre, par les Athéniens, à Marathon, puis sur mer, à la bataille de Salamine. Athènes, qui a animé la résistance des cités, fonde alors un grand empire maritime, d'Asie jusqu'en Occident.

A u Ve siècle, elle est au faîte de sa gloire et devient un centre extraordinaire de diffusion de la civilisation dans tout le bassin méditerranéen, grâce à la richesse accumulée, à la paix retrouvée. Toutefois, les cités grecques, aussitôt victorieuses, reprennent leur guerres fratricides. Athènes et Sparte s'affrontent longtemps dans la guerre du Péloponnèse. Il n'y a ni vainqueur ni vaincu. Mais l'ensemble des cités est sans résistance quand un nouveau danger, venu cette fois du nord, les détruit l'une après l'autre.

L'armée permanente d'Athènes au temps de Périclès

- 13 000 hoplites.
- 1 000 cavaliers.
- Une armée territoriale de 1 400 éphèbes, 9 500 métèques et 2 500 vétérans pour la garde des ports et des forteresses. Soit 27 400 hommes.

L'EMPIRE D'ALEXANDRE
et l'invention de la démocratie

L es rois de Macédoine, Philippe puis Alexandre, vont conquérir toute la Grèce à partir de 338 avant Jésus-Christ. Une nouvelle époque commence pour les cités grecques, qui avaient connu pendant deux siècles (les Ve et IVe siècles) la plus brillante des civilisations. Elles ne sont plus indépendantes : elles font partie de l'empire du plus grand conquérant du monde, le jeune Alexandre, qui porte sa domination vers l'est jusqu'aux confins de l'Empire perse, jusqu'en Inde. Alexandre une fois mort, ses lieutenants se partagent son empire qui s'émiette à son tour. Les Romains n'auront plus tard aucun mal, de 150 à 30 avant Jésus-Christ, à récupérer l'héritage de ces monarchies hellénistiques.

L' indépendance et la prospérité de la Grèce sont de courte durée (de 500 à 338 avant Jésus-Christ, soit cent cinquante ans environ). Pourtant les Grecs ont profondément marqué la civilisation par un apport original : certes ils ont, comme d'autres peuples, des esclaves et limitent strictement le droit d'entrée de leurs cités. Mais les citoyens grecs sont des hommes libres, qu'ils soient rameurs, paysans ou cavaliers. Ils inventent une forme de gouvernement promis à un certain avenir, la démocratie, ou gouvernement du peuple par le peuple. Ils élisent leurs magistrats, leur juges et leurs généraux. Le peuple d'Athènes rend lui-même la justice. La liberté est le bien qu'ils estiment le plus. Leurs cités ont des constitutions, des lois que nul ne peut enfreindre.

I ls inventent ou reprennent, pour en faire des ensembles logiques et cohérents, les connaissances accumulées par d'autres peuples (les Egyptiens, les Assyriens, les Babyloniens). Ils ont les premiers philosophes, les plus grands mathématiciens du monde antique. Ils inventent le théâtre et la poésie épique, l'éloquence et la comédie. Leurs sculpteurs et leurs architectes créent dans les villes un décor à la mesure de l'homme, avec les marchés entourés de portiques, les cimetières dont les tombes sont décorées de sculptures, les rues pavées, les acropoles où se dressent de nombreux temples. Les dieux des Grecs franchissent les mers : on adore Apollon en Asie et Artémis à Marseille. Pour la première fois dans l'histoire du monde, l'art , la science, la pensée se détachent des contraintes de la vie matérielle. Les Grecs ont inventé l'amour de l'homme, le culte des valeurs humaines, ce que l'on appelle humanisme : leur plus grande découverte est celle du respect qui est dû, par l'homme, à l'homme.

Venise. Musée archéologique. ►
Art hellénistique-IIe siècle av. J.-C.
Combat naval contre les Grecs(détail).

Ph. G. DAGLI ORTI

Les grandes batailles livrées par les Grecs

1230 ou 1225 : prise de Troie.

490 : Marathon.
Victoire d'Athènes sur les Perses.

480 : Les Thermopyles.
Victoire perse sur Léonidas. Salamine.
Victoire navale des Grecs.

479 : Platées et Mycale. Victoires grecques sur les Perses.

406 : Les îles Arginuses (guerre du Péloponnèse entre Athènes et Sparte).
Victoire d'Athènes.

405 : Aigos Potamos (guerre du Péloponnèse). Défaite d'Athènes.

371 : Leuctres. Victoires des Thébains d'Epaminondas contre Sparte.

362 : Mantinée. Les Thébains contre les Spartiates. Mort d'Epaminondas.

338 : Chéronée.
Victoire de Philippe de Macédoine sur les Grecs.

au temps de

la Grèce ancienne

A LA BONNE FORTUNE DES VENTS

"Celui qui dépasse le cap Malée abandonne sa patrie", dit un proverbe grec. Le cap Malée, c'est l'extrême pointe sud-ouest du Péloponnèse. Pour un Grec, aller vers l'ouest, vers les "portes d'Hercule" (notre détroit de Gibraltar) est encore plus risqué que d'aller vers l'est. Au Ve siècle avant Jésus-Christ, la navigation en mer reste une aventure.

Durant l'Antiquité, il faut deux mois au moins pour parcourir la Méditerranée d'ouest en est, en longeant les côtes, à une vitesse moyenne de trois à cinq nœuds (1 nœud = 1,852 kilomètre à l'heure). Seuls les navigateurs très hardis vont directement de Crète en Egypte, et cinq jours de traversée sont alors nécessaires. Les autres font du cabotage, de port en port. Les navires marchands, lourds et ronds, sont plus lents. Les navires de guerre, ou trières, dépendent moins des vents, car ils disposent de nombreux rameurs.

Le pilote, à la poupe, gouverne son navire en tenant bien en main un aviron pivotant. Il se dirige sur les étoiles quand commence ou finit la nuit, car, le plus souvent, les marins ne prennent la mer qu'à l'aube, et tirent le navire sur la grève tous les soirs. Les rameurs doivent souquer ferme quand le vent ne souffle pas et, par gros temps, le bateau tout entier est inondé par les paquets de mer. Si la tempête est trop forte, il faut s'abriter derrière un promontoire. Mais il s'agit de faire vite, sinon le bateau coule. Les naufrages en mer, certaines saisons, sont très fréquents, lors des tempêtes d'équinoxes par exemple.

Le départ au lever du soleil. ▼

▲ *Les navires de commerce sont lents, lourds, et manœuvrés presque uniquement à la voile, les patrons manquant de rameurs. Ce navire, transportant des métaux précieux, va être attaqué par des pirates, encore actifs en mer Ionienne. Ceux-ci ont réussi à tromper la vigilance de la police maritime d'Athènes.*

A Cyzique, sur les bords de la mer Noire, les Grecs guettent les bancs de thons. Encerclés par les barques, ils sont pris dans le piège d'un filet, ou madrague, et achevés au harpon. Une bête peut atteindre 3 mètres de long et peser jusqu'à 700 kilos. ▼

L es pirates sont de plus en plus rares, surtout depuis que la police des mers athénienne, équipée des célèbres trières, les prend en chasse dès qu'ils se trouvent signalés. Ainsi les vaisseaux marchands, qui ne font jamais plus de 400 tonnes, peuvent partir librement du Pirée, le port d'Athènes, de Corinthe ou d'Egine, pour aller chercher le blé d'Egypte, les métaux de la mer Noire, les esclaves d'Occident.

◄ *La pêche se fait à la ligne ou à la nasse. Tous les Grecs sont pêcheurs. Ils récoltent les fruits de mer, les crabes, les coquillages, les seiches qui abondent autour de l'Eubée. Le poisson acheté à l'agora est séché pour être conservé.*

Pour passer de la mer Egée à la mer Ionienne sans avoir à contourner la presqu'île du Péloponnèse, les marins grecs ont construit sur l'isthme de Corinthe un chemin de bois, plus tard recouvert de dalles, le Diolcos. Les navires sont halés, tirés par des ânes et des chevaux. Cette manœuvre permettait de gagner plusieurs jours de navigation. Aujourd'hui l'isthme est traversé par le canal de Corinthe. ▼

LES MINES
ET LA MONNAIE

P endant longtemps, les Grecs ignorant la monnaie, pratiquent le troc. Ils échangent une armure contre deux bœufs, et même une femme pour trois ânes!... Au VIIe siècle avant Jésus-Christ, ils commencent à se servir, pour leurs échanges, d'une curieuse monnaie nommée obole qui se présente sous la forme d'une broche en fer.

P eu à peu, ils découvrent l'usage, plus commode, de pièces de monnaie, en argent, puis en or. Les Athéniens exploitent les mines de plomb argentifère du Laurion et s'en servent pour fabriquer les "drachmes". Chaque pièce pèse environ pèse 4,36 grammes d'argent. Dans les mines, on emploie des esclaves armés de pics, qui travaillent dans des galeries sommaires, ou dans des puits.

S ur les pièces, on reconnaît la tête d'Athéna, déesse de la Cité, avec, au revers, son oiseau, la chouette. On appelle ces drachmes les "chouettes du Laurion". Mais il y a aussi sur les marchés les "tortues" d'Egine et les "thons" de Cyzique, qui ne sont pas en argent, mais en électron, un mélange d'or et d'argent.

A l'extérieur, chez les Perses par exemple, les "dariques", frappées de l'archer, sont en or pur. Les Grecs se procurent de l'or sur les bords de la mer Noire, en Andalousie, en Egypte, en Cyrénaïque, et dans tout l'Orient.

F ondeurs et forgerons sont très nombreux au port du Pirée, où les navires marchands rapportent leur chargement de minerais de toute la Méditerranée. L'étain vient de Phocée ou d'Espagne, le cuivre de Chypre et encore d'Espagne. Les minerais sont raffinés et concassés avant d'être embarqués.

◄ *Ces esclaves transportent le minerai dans des paniers. Un treuil le remonte à la surface où il sera traité. Ils travaillent nus, car il fait très chaud sous terre.*

Les mineurs travaillent dans des galeries étroites, sans grande sécurité. Ils sont quelquefois éclairés par une lampe à huile, en terre cuite, qu'ils placent dans une anfractuosité de la paroi rocheuse. Les galeries n'ont jamais plus d'un mètre de hauteur ; on y travaille couché. Elles ne sont pas aérées, et rarement étayées. Les mineurs travaillent au pic et au ciseau. Le minerai si difficilement extrait est ensuite acheminé dans des sacs. Ce travail est le plus pénible qui soit. On y emploie presque exclusivement des esclaves. ►

A Chypre, il faut douze heures de chauffe pour fondre, à plus de 1 000 °C, le cuivre qui est réduit en plaques transportées à dos de mulet. Ces plaques sont ensuite raffinées dans des fours d'argile à haute température pour être débarrassées de leurs scories. On obtenait ainsi du cuivre presque pur. Mais les Grecs de Chypre gardaient jalousement, comme tous les métallurgistes, leurs secrets de fabrication. Les Grecs avaient découvert et exploité la plupart des métaux connus, ainsi que le charbon de terre de la mer Noire, près d'Héracléïa.

Pièces d'argent du Ve siècle, de Grèce et de Grande Grèce :

Tétradrachme d'Athènes avec tête d'Athéna.

La tortue d'Egine.

Le taureau de Gela.

L'obole d'Athènes.

Le revers, avec la chouette.

L'épi d'orge de Lucanie.

Le dauphin de Tarente.

Le crabe d'Agrigente (Sicile).

Le quadrige de Syracuse. Le revers de la même pièce, avec la nymphe Aréthuse et son dauphin.

La grue et le trépied de Crotone.

La monnaie grecque se frappe à la main, dans les ateliers spécialisés. Dès le VIIe siècle, à Ephèse, en Grèce d'Asie (en Turquie actuellement), on frappe des monnaies d'électron représentant des abeilles. Les tortues d'Egine, qui pèsent plus de 6 grammes d'argent, sont les premières monnaies de Grèce continentale.

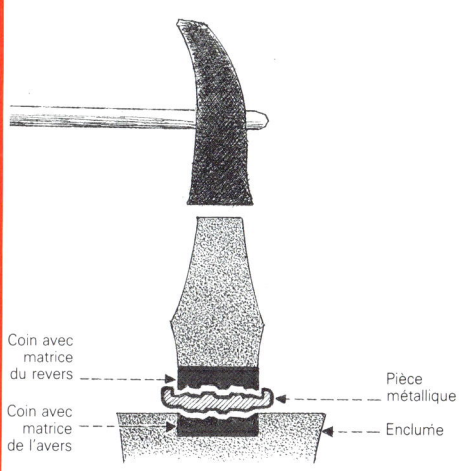

Coin avec matrice du revers

Coin avec matrice de l'avers

Pièce métallique

Enclume

La pièce métallique est placée sur une enclume, entre deux matrices, ou coins. L'artisan n'a plus qu'à frapper très fort, avec un marteau métallique, et à rogner ensuite les bords, pour qu'ils soient réguliers. A Athènes, l'hôtel des monnaies était situé au sud-est de l'Agora.

LE BLÉ, LE MIEL ET L'OLIVIER

L es Grecs manquent de terres cultivables. Ils sont obligés de s'expatrier, de fonder des colonies lointaines pour trouver le blé nécessaire à leur alimentation. La campagne de l'Attique est pauvre, les plaines sont rares et les propriétés très morcelées.

I l y a cependant eu de grandes propriétés en Grèce, et de vastes terres pour la chasse et l'élevage. Mais, par le jeu des héritages, elles ont disparu, et dans la campagne d'Athènes, les paysans disposent de lopins insuffisants pour nourrir leur famille.

L es paysans fabriquent alors eux-mêmes leurs charrues à soc de bois, les araires, tirés par des bœufs (quand ils sont riches), ou le plus souvent par des ânes ou des mulets. Le grain est battu sur une aire dallée où les mulets, attachés à un piquet, tournent pour le sortir des épis. Puis les femmes le broient dans des mortiers de pierre. Les paysans fabriquent ainsi leur farine et cuisent leur pain. Ils ne vendent à la ville que les surplus.

◄ *La récolte du miel dans les monts de l'Hymette, près d'Athènes.*

▲ *Au temps d'Homère, on dépiquait le blé en jetant les épis dans le vent. Alors, le grain le plus lourd tombait sur l'aire. On utilise encore aujourd'hui dans les campagnes d'Attique ces manèges de mulets et d'ânes. Ils tournent des journées entières pour venir à bout de la récolte.*

◄ *On récolte les olives le plus souvent à la main. Quand les oliviers sont trop hauts, on abat les fruits avec des roseaux souples. Toute la famille participe à la cueillette, et les enfants n'hésitent pas à grimper en haut des arbres.*

Les vendanges donnent lieu, chaque automne, à des fêtes joyeuses. Les vendangeurs célèbrent à leur manière le dieu de la Vigne et du Vin, Dionysos. Ces jeunes gens couronnés de feuilles de vigne essaient de tenir en équilibre sur des outres de porcs huilées et gonflées de vin. ►

L es familles habitant près d'Athènes fournissent à l'Agora les légumes de consommation familiale : les choux, les lentilles, l'ail et les oignons, et même les melons et les citrouilles dont les graines sont venues d'Egypte. Les femmes livrent au marché les fleurs cultivées pour les cérémonies religieuses ou familiales. C'est aux femmes qu'incombe également la filature de la laine des moutons, et elles confectionnent longtemps les tissus des vêtements.

L a vigne et l'olivier enrichissent le paysan. Le vin fort de l'Attique, qui se boit dilué dans l'eau, est d'un bon rapport, ainsi que l'huile d'olive, fabriquée avec des pressoirs rudimentaires. Les figues aussi se vendent bien, ainsi que le miel de l'Hymette, le seul sucre dont disposent les Athéniens. Les paysans savent attirer les abeilles et recueillir le miel en enfumant les ruches. Ceux qui ont la chance d'en produire gagnent plus d'argent que les éleveurs de porcs ou de bovins, rares en Attique, faute de prairies.

▲ *Un tronc de chêne ou d'olivier, chargé d'un lourd sac de pierres, suffit pour presser les olives. Les paysans s'accrochent au madrier, pour faire pression sur les fruits accumulés dans la cuve. L'huile est ensuite recueillie dans de grandes jarres en terre cuite.*

19

VIVRE À ATHÈNES AU Ve SIECLE

▲ *Les femmes du quartier viennent puiser de l'eau à la fontaine publique.*

▲ *La plupart des Athéniens sont locataires de leurs petites maisons. Quand ils ne peuvent pas payer leur loyer, le propriétaire fait enlever la porte. Il peut aussi faire retirer les tuiles du toit ou boucher le puits. Les insolvables, expulsés, viennent grossir l'armée des clochards, très nombreux.*

L a population d'Athènes vit, très nombreuse, sur un espace limité. La ville, entourée d'une enceinte fortifiée, mesure un kilomètre et demi de long d'est en ouest. Les habitants s'entassent dans ses dix mille maisons dont bien peu sont des habitations collectives.

I l existe un quartier riche, au nord, celui de Scambonides, où l'on a construit de belles demeures de pierre, avec des portiques. Mais la plus grande partie des maisons d'Athènes sont modestes ; collées les unes contre les autres, faites de torchis, de bois, de brique crue, de cailloux pris dans le lit des fleuves. Elles n'ont pas de fenêtres, mais des lucarnes. Ces maisons sont pourvues de citernes, car la ville est très mal alimentée en eau et en fontaines.

▲ *Le barbier, à Athènes, ne manque jamais de clients. Seuls les hommes fréquentent son échoppe et se font couper les cheveux court. Certains portent la barbe. Les enfants, jusqu'à l'adolescence, gardent les cheveux longs. Les esclaves, eux, sont tondus.*

▲ *Les Athéniens se lavent dans les bains publics et payent pour avoir une baignoire individuelle. L'eau est rare et le charbon de bois est cher ! On détache la crasse du corps avec un grattoir, ou strigile, puis on se frotte avec de l'huile.*

L es rues sont sales et tortueuses, et les routes, pour entrer dans la ville, fort étroites : deux chars ont du mal à se croiser ! La cité a été construite sans plan d'ensemble, au pied de la ville haute, l'Acropole, sur laquelle l'on a bâti de superbes monuments publics. Les baraques qui s'amoncellent sur l'Agora sont de planches et d'osier. Le marché ressemble à un souk. Les platanes abritent, sur l'Agora, une population qui couche en grande partie à la belle étoile, faute d'avoir un toit.

L es eaux usées et les ordures sont jetées dans les caniveaux. Elles sont ramassées par des armées d'esclaves éboueurs, qu'il faut surveiller pour qu'ils n'aillent pas les déposer à moins de dix stades des murs de la ville. Les mouches, les puces, les moustiques, les rats se reproduisent facilement dans les bourbiers des rues, qui ne sont pas éclairées la nuit et où les ménagères, le jour, font leur cuisine sur des braseros. Aussi n'est-il pas étonnant que la peste, au temps de Périclès, y ait fait des milliers de victimes. La misère de la foule dépenaillée des quartiers populaires contraste singulièrement avec l'harmonie des monuments grandioses de l'Acropole, où dominent les temples des dieux.

▲ *Le pain doit être prêt aux heures des repas et servi chaud dans les échoppes. Pour stimuler les esclaves qui broient le grain, le boulanger leur fait jouer de la flûte. Cela ne les empêche pas, fort heureusement, de rire et de bavarder.*

◄ *Un cambrioleur s'introduit, de nuit, par la brèche ouverte dans un mur de la cour intérieure d'une paisible demeure. Malheureusement pour lui, le bruit a réveillé le propriétaire. Les murailles des maisons d'Athènes sont si mal construites qu'il est plus facile, pour les voleurs, de les percer que de forcer la serrure de la porte ! On appelle les cambrioleurs les "perce-murailles". La police, dont l'effectif est faible, ne peut les retrouver tous.*

L'AGORA DES MARCHANDS

D e très nombreux petits commerçants se pressent sur le marché d'Athènes, l'Agora. Des cloisons séparent, sous les allées ombragées, au pied de l'Acropole, les quartiers réservés à chaque marchandise. Car le marché, comme le plus souvent en Grèce, a lieu en plein air.

L es paysans de l'Attique viennent y vendre leur huile d'olive, leurs fruits, leurs légume. Les Thébains arrivent à dos de mulet de la lointaine Béotie pour offrir aux Athéniens leur gibier recherché, leurs volailles et leurs poissons, particulièrement les anguilles du lac Copaïs.

◄ *Tous les matins, avant l'aube, les paysans de l'Attique se mettent en route. Les mules et les ânes bâtés transportent au marché le vin, l'huile, les fromages, les fruits de la campagne. Les porcs seront vendus aux charcutiers qui les tuent sur place et les débitent immédiatement aux clients.*

O n rencontre aussi sur l'Agora des marchands de grains au détail, d'ail et de fruits. Les bouchers et les charcutiers, les boulangers et les marchands de fromage payent à la ville un droit pour vendre et s'engagent à respecter les poids et mesures. On les accuse bien souvent de tricher. Il est vrai qu'ils perdent les bénéfices des ventes en risquant des drachmes dans les combats de coqs, où les parieurs font rarement fortune ! Sur l'Agora, on vend aussi les esclaves. Athènes en compte jusqu'à 300 000 ! Ils travaillent pour l'Etat, les administrations, les travaux publics. Un manœuvre coûte deux cents drachmes. La vente se fait aux enchères.

◄ *Sur l'Agora d'Athènes, les parieurs des combats de coqs et les marchands d'huile.*

Les esclaves sont achetés par les petits artisans et aussi par les familles pour les tâches domestiques. On se procure cette main-d'œuvre en Thrace, en Asie Mineure, sur les bords de la mer Noire. La vente à Athènes se fait sur l'Agora, une fois par mois, à la nouvelle lune. ►

Les poids et mesures en usage à Athènes :

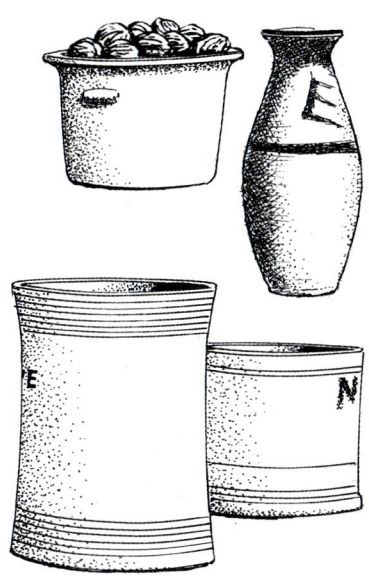

▲ *Mesures en terre cuite de toutes contenances : de 1,70 litre à 3,25 litres.*

L e grand commerce, dans les villes grecques, n'est pas laissé au hasard, car il faut assurer la survie de centaines de milliers d'hommes. Les petites plaines de l'Attique sont incapables de nourrir les 500 000 habitants d'Athènes. On doit faire venir de loin la nourriture nécessaire et surveiller les approvisionnements. Les réserves de la Halle au blé du Pirée doivent suffire aux besoins de la cité. Elles sont remplies par les gros négociants qui sont tenus de faire livrer les grains d'Egypte, de Sicile et du Pont-Euxin (l'actuelle mer Noire) à Athènes.

O utre l'orge et le blé, les grands négociants ont à fournir l'industrie en matières premières. C'est eux qui font venir le vermillon de l'île de Kéos, indispensable aux teinturiers, le bois de Thrace pour les chantiers maritimes, les minerais et les métaux raffinés de toutes les colonies des bords de la Méditerranée et de la mer Noire. Ces marchandises s'entassent dans le port du Pirée.

▲ *Poids en bronze marqué du sceau de la tortue (127 grammes).*

▲ *Le choix est difficile, entre le lièvre de Béotie et le poisson du pêcheur. On trouve au marché les énormes thons et espadons, les sardines, les poulpes et les anchois dont les Grecs sont friands. La viande est rare et chère.*

▲ *Comment se passer de ces petites lampes d'argile qui sont, dans les foyers, la seule source de lumière ? Pendant des heures, la flamme brûle, alimentée par l'huile. Les artisans du Céramique fabriquent ces lampes par milliers.*

▲ *Poids en bronze marqué de l'osselet (810 grammes).*

PETITS MÉTIERS
ET GRANDS TRAVAUX

▲ La descente d'un bloc de marbre des carrières du Pentélique.

On est cocher, ou ciseleur, corroyeur, charpentier... de père en fils, à Athènes. Le savoir-faire se transmet dans les familles et l'apprentissage permet d'être initié aux secrets du métier. Dans les villes, les petits métiers sont très nombreux. Les citoyens libres se réservent les moins pénibles, les mieux payés. Ils laissent les autres aux étrangers (les métèques) et aux esclaves.

L'Etat lui-même engage de nombreux ouvriers pour ses programmes de grands travaux. Pendant des dizaines d'années, l'Acropole d'Athènes et les longs murs d'Athènes au Pirée fournissent du travail aux tailleurs de pierre, aux forgerons, aux conducteurs et charroyeurs, aux terrassiers et aux charpentiers. La ville est un chantier perpétuel et l'on doit faire venir les ouvriers de l'extérieur.

Ces ouvriers commencent le travail au chant du coq, le terminent au crépuscule, pour un salaire d'une drachme par jour. Ils chantent en travaillant ; quand ils sont nombreux, le patron loue des musiciens qui jouent d'une sorte de flûte (l'aulos) (considérée comme l'ancêtre du hautbois), pour rythmer l'effort. Ceux qui ne vont pas assez vite peuvent être punis de la peine du fouet. On châtie également les voleurs.

Pour creuser un trou parfaitement rond dans le bois précieux, l'ébéniste se sert d'un trépan à archet. La vrille est régulièrement animée par le mouvement de la corde. L'artisan dispose déjà d'équerres et de compas pour perfectionner son travail. Il peut faire des moulures et des incrustations. Les bois de Thrace et d'Asie Mineure, de bonne qualité, permettent de fabriquer les coffres, les sièges et les tables dont les Athéniens raffolent.

L e labeur est aussi pénible dans la métallurgie ou dans la céramique. Le quartier athénien appelé Céramique regroupe les potiers, qui font venir l'argile des carrières du cap Colias, à dix kilomètres de la ville. Ils ajoutent de l'ocre ou du vermillon pour qu'elle devienne rouge et la travaillent sur des tours rudimentaires. Les pièces modelées sont séchées au soleil et décorées à la main par des peintre spécialisés, dont les plus renommés signent leurs œuvres. Les forgerons, les menuisiers, les tisserands fabriquent et vendent tous les objets de la vie quotidienne. Les tailleurs de pierre font venir du Pentélique, dans la montagne de l'Attique, un marbre d'une grande qualité dont les blocs sont acheminés sur des traîneaux de chêne.

Un cordonnier taille des sandales sur mesure pour sa cliente. Elle a posé son pied, sans crainte, sur une bille de bois. Le cuir est découpé à l'aide d'un tranchet. Les femmes ne se fournissent pas aux mêmes ateliers que les hommes. Elles paient plus cher, pour avoir du cuir plus fin.

A peu près nus, les ouvriers métallurgistes travaillent avec beaucoup d'adresse, sur l'enclume, les plaques de métal laminé qui sortent des fours, dont le foyer est animé par des soufflets en peau de chèvre.

DES ARTISTES EXTRAORDINAIRES

Les vases sont variés :

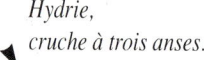

*Hydrie,
cruche à trois anses.*

*Stamnos, vase pour
conserver les liquides.*

Amphore.

*Peliké,
amphore
évasée vers le bas.*

*Skyphos,
timbale à anses.*

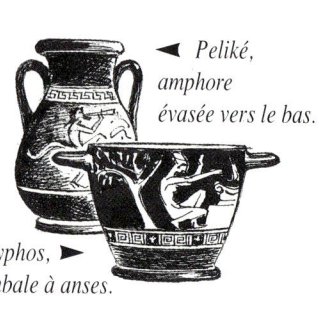

Du VIᵉ au IVᵉ siècle avant Jésus-Christ, pendant trois cents ans, les commandes ne manquent pas aux peintres et aux sculpteurs pour décorer les temples, les sanctuaires, les monuments civils, ainsi que les maisons privées que l'on commence à construire. Des écoles d'art se constituent avec des maîtres vénérés.

Au Vᵉ siècle, on connaît bien Phidias, même si son chef-d'œuvre, le Zeus d'Olympie, a disparu. On connaît encore mieux Praxitèle, qui a fait l'Aphrodite de Cnide, Callimaque, l'inventeur du chapiteau corinthien et de la draperie " mouillée ", qui colle au corps des danseuses, Crésilas qui laisse un buste de Périclès, et Scopas qui multiplie à Ephèse les statues pathétiques, aux visages angoissés.

Ces œuvres figurent aujourd'hui dans les plus grands musées du monde. Celles des peintres ont malheureusement disparu. Les maîtres, qui pratiquaient aussi bien la peinture à l'encaustique, la peinture sur buis que la fresque, avaient pourtant une immense réputation.

Une fabrique de figurines en terre cuite, à Tanagra. ▼

Coupe à boire. ▲

Lécythe,
vase funéraire. ▶

◀ Les sculpteurs ont aidé Phidias à exécuter la longue frise du Parthénon. Le maître faisait les plans et les dessins. Il surveillait ensuite l'exécution des bas-reliefs, qui représentent la procession des Panathénées.

Les statues sont de marbre ou de bronze. Les bronziers sortent les modèles du moule, puis les polissent soigneusement. Il fallait rogner le métal, qui pouvait présenter de petites imperfections.

Canthare,
vase à boire.

Lécythe aryballistique,
vase à huile ou à parfum. ▶

L es peintres sur céramique n'étaient pas moins illustres. Ils signaient leurs œuvres, employaient un vernis noir à base d'oxyde de fer et des couleurs très variées (blanc, jaune, pourpre, bleu) pour peindre des figures historiques (le siège de Troie, les exploits d'Hercule), des chasses, des scènes d'intérieur. Par les vases et surtout par les petites statuettes de Tanagra, produites en quantité près de Thèbes, en Béotie, on connaît mieux la vie quotidienne des Grecs : il y a des statuettes d'écoliers, de joueuses de cithare, de gosses jouant aux osselets, de boulangers faisant le pain.

D' autres artisans contribuent à embellir la vie de tous les jours. Les joailliers d'Athènes réalisent d'admirables bijoux d'or et d'argent, avec des lapis-lazulis d'Egypte et des pierres d'Orient. Les ciseleurs et les bronziers multiplient les vases et les coupes en bronze tandis qu'à Corinthe on invente le miroir à boîtier. Ainsi, le goût pour l'art est manifeste. Il se traduit jusque dans les objets de la vie quotidienne.

Le vase est décoré après avoir été séché au soleil. On a d'abord représenté des figures noires sur fond rouge. Puis les artistes ont eu l'idée d'enduire tout le fond d'un liquide argileux. Ce liquide donnait un beau vernis noir, obtenu par réaction chimique dans un four. ▶

Cratère destiné au mélange du vin. ▲

Œnoché, cruche .

LES CITOYENS ET LA DÉMOCRATIE

A thènes compte, au Ve siècle, 40 000 citoyens sur une population de 500 000 personnes environ. En effet, pour être Athénien, il faut être né de père et de mère athéniens. Et les magistrats de la ville accordent de moins en moins facilement le droit de cité. S'ils accueillent volontiers les étrangers, ils leur font un statut spécial, inférieur, celui des métèques. Ceux-ci sont libres de travailler et de gagner de l'argent, mais ils ne peuvent acheter la terre et sont exclus de la vie politique, tout comme les esclaves.

D ès son plus jeune âge, l'Athénien est rattaché à une circonscription administrative, le "dème", dont il porte le nom toute sa vie, qu'il appartienne au dème urbain du Céramique, à Athènes, ou au dème rural de Marathon, dans la plaine de l'Attique. Le chef de son dème (le démarque, aujourd'hui le maire) l'a inscrit sur la liste des citoyens. Quand il aura vingt ans, une fois revenu de l'armée (le service militaire dure deux ans), il pourra voter.

L a cité d'Athènes est une démocratie, c'est-à-dire un gouvernement direct du peuple par le peuple. Les citoyens, réunis dans une assemblée unique, l'*ecclesia*, votent les lois et contrôlent les magistrats, à savoir ceux qui sont élus ou désignés par le sort pour diriger la cité.

L'accusé (déjà exilé pour une autre affaire) comparaît, à bord d'une barque, devant un tribunal spécial. Les juges siègent sur le rivage, assis sur le sable. ▼

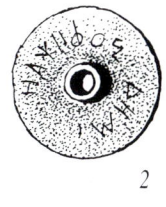

◄ La désignation des juges se fait par le tirage au sort. On introduit les jetons de bronze, portant les noms des héliastes, dans les fentes de l'ingénieuse machine appelée clérôtérion. Puis des dés noirs et blancs sortiront de la machine pour désigner le nom des juges.

Tout citoyen, à l'assemblée du peuple, peut demander la parole. Coiffé de la couronne de myrte, il dispose alors d'un temps de parole mesuré par la clepsydre, à droite de la tribune.L'orage annonce un mauvais présage : les travaux de l'assemblée sont interrompus. ▼

▲ Au tribunal populaire, l'Héliée, dont tous les citoyens font partie, on vote en utilisant des jetons. Le disque à tige pleine (1) signifie : acquittement. Le disque à tige creuse (2) : condamnation.

Pour voter l'ostracisme, on inscrit le nom de la victime sur un tesson de terre cuite, un ostrakon. ▼

C ette assemblée, qui se tient sur la colline de la Pnyx, peut contenir 20 000 personnes. En fait, il suffit que 6 000 citoyens soient présents pour qu'une séance soit légale. Les citoyens qui assistent aux travaux de l'assemblée, ou ceux qui assument les charges de magistrats, touchent une indemnité journalière.

L es magistrats les plus importants sont élus pour un an : il s'agit de neuf archontes, pour les fonctions civiles, et de dix stratèges, qui commandent l'armée et la flotte. Périclès, qui dirige longtemps la politique d'Athènes au Ve siècle, n'est jamais que l'un des dix stratèges élus. Les magistrats qui n'ont pas la confiance du peuple peuvent être chassés de la cité par la procédure de l'ostracisme. On peut être ainsi exilé pour dix ans, simplement parce que l'on est soupçonné d'ambition ou de tyrannie.

Le citoyen héliaste, membre du tribunal, a sur lui une sorte de carte d'identité. ►

◄ Les Athéniens préfèrent parfois bavarder sous les platanes de l'Agora plutôt que d'aller s'occuper sur la Pnyx des affaires de la cité. Pour les contraindre à se rendre en séance, les archers scythes de la police rabattent la foule à l'aide d'une corde enduite de peinture rouge. Les retardataires sont ainsi marqués et frappés d'une amende.

LA FAMILLE EST SACRÉE

Les enfants sont élevés à la maison, jusqu'à l'âge de sept ans. Ils ont des animaux domestiques et des jouets d'argile. Les bébés prennent leurs repas sur des chaises en poterie décorée. Les meilleures nourrices viennent de Sparte.

▼

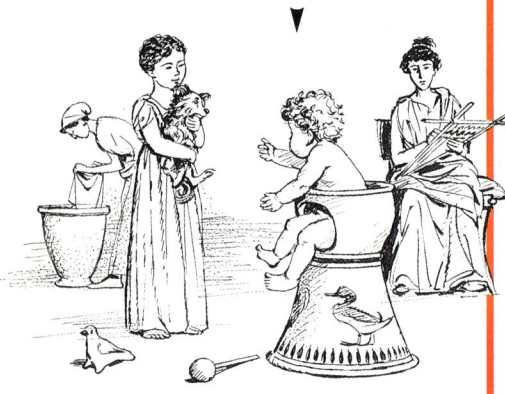

Les hommes doivent se marier et avoir des enfants (surtout des garçons pour assurer la descendance). A vingt ans, le père du jeune homme lui choisira sa femme tandis que celui de la jeune fille fournira la dot. Quand les futurs époux seront fiancés, par simple promesse verbale devant témoins, ils pourront se marier.

Les noces ont lieu en général l'hiver, un jour de pleine lune. Après le repas, chez les parents de la fiancée, une procession se forme et accompagne le couple, installé sur un char attelé, jusqu'à la maison du futur époux. Au son des cithares et des flûtes, le rituel "chant d'hyménée" s'élève du cortège, le jeune homme "enlève" alors la mariée pour la conduire, selon l'usage, dans son nouveau logis.

La maison où un enfant est né doit être purifiée et l'on répand de la poix sur ses murs. Rien n'oblige une femme à garder son enfant : elle peut interrompre sa grossesse avec le consentement de son mari. Elle peut aussi "exposer" le nouveau-né en l'abandonnant dehors dans un vase d'argile. Mais, si l'on voit au seuil d'une porte un rameau d'olivier, on sait qu'un garçon est né, et qu'il sera reconnu. Si c'est une bandelette de laine, cela indique la naissance d'une petite fille.

Le cortège nuptial arrive devant la maison du fiancé. ▼

Entre le cinquième et le septième jour qui suit la naissance, le nouveau-né, dans les bras du père ou de la nourrice, est porté autour du foyer, symbole de la famille. C'est la fête familiale des Amphidromies. Le bébé est maintenant chez lui, reconnu par les siens. ▶

Q uand le nouveau-né a été accepté par la famille, le père ne peut plus s'en débarrasser. Il lui donne le nom de son propre père. Dans certaines villes, le père, avant de reconnaître son fils, le trempe tout nu dans l'eau glacée pour voir s'il est assez robuste. A Sparte, on le baigne dans du vin.

C ependant, la vie familiale s'organise essentiellement autour du culte des ancêtres. Les Athéniens, ainsi que tous les autres Grecs, ont le devoir d'assister les vieillards de leurs familles jusqu'au dernier moment. Les dieux punissent les familles qui ne rendent pas le culte aux ancêtres, sur l'autel situé à l'entrée de la maison, où l'on place parfois les images des morts. Aux jours anniversaires, toute la famille se rend au cimetière pour présenter aux défunts des sacrifices. On offre du lait et du vin dans des vases au fond percé, pour que le liquide puisse nourrir le défunt.

Avant son mariage, la jeune fiancée, qui n'a parfois que quatorze ans, consacre aux divinités protectrices les jouets et les objets de son enfance. Puis elle ira se purifier en prenant un bain dans l'eau de la fontaine Callirhoé, que l'on transporte dans un vase spécial, le loutrophore. ▶

◀ *Après sa toilette funèbre le mort est habillé de vêtements bleus. Il est ensuite entouré de bandelettes, enveloppé dans un linceul et exposé sur un lit d'apparat, le visage découvert. Sa tête, couronnée de fleurs, repose sur un coussin. Autour de lui, la famille en habits de deuil se lamente, entourée de pleureuses. Le corps est ensuite porté en terre, avant le lever du soleil, pour que sa vue ne gêne pas les dieux. Il peut aussi être brûlé sur un bûcher. On recueille alors les cendres dans un vase, l'urne funéraire.*

AU CŒUR DU LOGIS

L a plupart des maisons d'Athènes sont pauvres et sans confort. Elles n'ont ni cheminée, ni eau courante. Pour faire du feu, l'hiver, on déplace avec une perche une tuile du toit ; la fumée peut ainsi s'échapper. Seuls les riches ont des conduits pour fumée, ce que nous appelons des cheminées. Les pauvres font cuire leur nourriture dans la rue, et se lavent aux bains publics.

L es belles maisons des quartiers aisés comptent toujours un étage. Les pièces du rez-de-chaussée n'ouvrent pas sur la rue, mais sur une cour intérieure entourée d'un portique à colonnettes. Dans ces salles, on donne les banquets, on reçoit les amis. La famille s'y réunit pour prendre ses repas.

▲ La maîtresse de maison, au cœur du gynécée.

▲ *Le rez-de-chaussée d'une grande maison grecque, au IVᵉ siècle : 1. Porche d'entrée et vestibule. 2. Cour. 3. Autel. 4. Salle à manger. 5. Office. 6. Portique. 7. Cuisine. 8. Four ou foyer. 9. Salle de bains. 10 et 11. Salles de séjour. 12. Pièce du gynécée. 13. Atelier, magasin à vivres.*

▲ *Les jeunes filles s'élèvent entre elles et ne voient guère les garçons avant le mariage (si elles sortent, c'est en compagnie de leur mère). Elles portent les cheveux longs et les tressent longuement le matin. Les esclaves vont chercher à la fontaine l'eau de leurs ablutions.*

▲ *La maîtresse de maison fait tisser par ses esclaves des couvertures de laine aux belles couleurs. Celles-ci sont pliées et rangées dans des coffres dont elle a les clés. Ces couvertures sont nécessaires l'hiver pour protéger du froid, car la maison n'a pas de vitres à ses fenêtres.*

U n cellier, contient les provisions de bouche. Il est soigneusement fermé à clef et seule la maîtresse de maison peut l'ouvrir. La cuisine est toute proche de la salle de bains, qui profite ainsi de la chaleur du four ou des fourneaux. Au premier étage, la chambre conjugale et l'appartement des femmes, le gynécée. Les esclaves sont logés dans la maison, mais dans des réduits.

L es habitations ne comportent généralement pas de décorations. Leurs murs sont blanchis à la chaux, à l'extérieur comme à l'intérieur. Seuls les plus riches font orner l'intérieur de leurs salles de séjour de mosaïques ou de peintures. Ils possèdent aussi des tapisseries, des broderies, des plafonds lambrissés.

M ais les Athéniens, qui vivent beaucoup à l'extérieur, n'abusent pas de ces décorations qui coûtent très cher. Ils ont un mobilier fruste : des coffres pour ranger les vêtements, des chaises et des tabourets pour s'asseoir à table. Leurs lits sont des cadres de bois, avec des sangles ; ils n'ont pas de matelas, mais de simples nattes de roseaux. L'été, ils dorment dehors.

L es femmes restent à l'intérieur des maisons, où elles surveillent les travaux ménagers et l'éducation des jeunes enfants. Il leur est interdit de sortir seules, même pour faire des achats. Les Athéniennes sont étroitement soumises aux hommes. Quand leurs maris reçoivent des amis à la maison, elles ne participent pas aux repas. Elles vivent dans le gynécée et se reçoivent entre elles.

Seules les femmes pauvres font elles-même le pain de la famille. Mais les plus riches ne dédaignent pas de mettre la main à la pâte, pour faire les galettes de froment, par exemple. La cuisine est chaude, vivante, ➤ *accueillante. Une belette apprivoisée chasse les souris.*

GRAMMATISTES
ET PHILOSOPHES

▲ *L'enfant apprend à écrire avec un stylet sur des tablettes de bois enduites de cire. Le maître lui fait reproduire les lettres de l'alphabet. Il lui enseigne ensuite les syllabes, puis les mots. On peut aussi écrire sur des feuilles de papyrus, avec un roseau fendu.*

La leçon de musique. ▼

A u temps de Périclès, tous les citoyens d'Athènes apprennent à lire et à écrire. Pourtant, l'Etat n'intervient pas dans l'éducation, comme à Sparte, où les enfants sont confiés, dès l'âge de sept ans, à de rudes éducateurs qui leur enseignent les exercices du corps plus que ceux de l'esprit. Elevés à la dure, les jeunes Spartiates, garçons et filles, apprennent l'effort et l'endurance.

D e sept à dix-huit ans, le jeune Athénien, s'il est de famille riche, est partout accompagné d'un esclave, le "pédagogue", qui l'accompagne en classe, lui fait faire ses devoirs et réciter ses leçons. Ayant quitté sa nourrice, qui lui racontait des histoires de loups-garous ou des fables d'animaux familiers, il se rend dans la maison du maître d'école (le grammatiste) chargé de lui apprendre, contre une somme d'argent versée par la famille, à lire, à écrire, à compter. Il suit ensuite les cours du cithariste, également payants, afin d'apprendre la musique et le chant, ainsi que la déclamation des poèmes lyriques, ceux d'Homère par exemple. A partir de douze ans, il est inscrit dans une palestre, pour être initié, sous la direction du pédotribe, aux sports et à la gymnastique. On considère alors son éducation comme complète.

C eux qui veulent en savoir plus, quand ils en ont les moyens, suivent les leçons très coûteuses des "sophistes", philosophes ambulants qui apprennent à raisonner, à convaincre, à chercher la vérité. S'ils habitent la Grande Grèce, ils peuvent se rendre à l'université des pythagoriciens, qui enseignent les mathématiques et la philosophie.

Les Spartiates entraînent aux sports les filles comme les garçons. Elles lancent le disque et le javelot, pratiquent, à moitié nues, la course à pied. Les Athéniens se moquent de ces "montreuses de cuisses". Mais les jeunes Spartiates savent aussi danser et chanter. ►

C' est un philosophe, Platon, qui ouvre à Athènes sa première université, l'Académie. Un orateur, Isocrate, crée une école d'éloquence, pour former les citoyens à l'art de faire des discours. Les futurs médecins apprennent leur métier en Grèce d'Asie. Le plus célèbre d'entre eux, Hippocrate, est né dans l'île de Cos. Les gymnases et les armées ont leurs médecins, qui commandent des drogues aux pharmacopoles, ces pharmaciens d'Athènes connaissant les vertus des plantes.

Les philosophes célèbres vont de ville en ville et dispensent des leçons grassement payées. Certains d'entre eux, les sophistes, sont fort riches. Leurs élèves favoris les suivent dans leurs tournées de conférences à travers toute la Grèce. ►

LA PASSION DU JEU

L es hommes se réunissent fréquemment dans des banquets où l'on joue de la cithare, de la lyre, ou de la flûte, en déclamant des poésies. Les femmes sont exclues de ces agapes où l'on boit des vins lourds, auparavant coupés d'eau dans de grands vases, les cratères.

M ais des danseuses viennent, à la fin du repas, distraire les convives fatigués, qu'il faut souvent raccompagner chez eux en les portant, au petit matin, à la grande colère de leurs épouses ! Il est vrai qu'il existe également des banquets de femmes… mais elles sont plus modérées dans leurs libations !

L es distractions ne manquent pas en ville, et d'abord sur les marchés où se produisent les équilibristes, les jongleurs et les mimes, ainsi que les marionnettistes. Les jeux de hasard passionnent les Grecs ainsi que les combats d'animaux qui suscitent des paris. On dresse des coqs, on les gave d'ail et d'oignon pour les rendre plus combatifs, on fixe à leurs ergots des éperons métalliques et on les oblige à se battre à mort. Les combats de chiens contre des chats sont aussi pratiqués.

Les plaisirs du banquet. ▼

▲ *Les jeunes Spartiates reçoivent une éducation très dure. On leur rase les cheveux et ils vivent nus hiver comme été. A douze ans, leur seul vêtement est un manteau, pour les grands froids. Très jeunes, ils sont habitués à marcher sans chaussures. On les nourrit volontairement mal, afin qu'ils apprennent à voler pour survivre. En plein hiver, les jeunes gens se baignent dans l'eau glacée. Ils ne craignent pas de se frotter vigoureusement le corps et de plonger dans l'Eurotas, quand la campagne est enneigée.*

Le gibier est rare dans les campagnes de l'Attique et il n'est pas commode de chasser le lièvre à la fronde ou à l'arc. Les chiens sont spécialement entraînés pour l'attirer dans des filets. Le chasseur assomme ensuite le lièvre à coups de gourdin. ▼

L es hommes jouent aux dés, au jeu de "pair et impair" avec des pièces de monnaie, et au jeu de l'oie. Ils aiment sortir des villes pour pratiquer, l'été, la chasse et la pêche. Leurs chiens rabattent les lièvres dans des filets. Pour capturer les cerfs et les sangliers, on attache des agneaux bêlant au-dessus de fosses profondes. On piège aussi les perdrix et les cailles. Quant aux enfants, ils pêchent les ablettes à l'hameçon ou à la nasse.

C ette passion pour les loisirs et les jeux est cultivée dès le plus jeune âge. Les enfants possèdent en effet des jouets variés : poupées d'argile ou bruyantes crécelles... Entre eux, ils s'amusent à la balle et aux osselets, attellent des chiens à de petits chariots et apprennent très vite à sculpter des bateaux en bois, à construire des châteaux en terre glaise. Les filles des familles riches ont même des poupées articulées !

Les jeunes Grecs connaissent la toupie, la balle, la marelle, l'escarpolette. Les garçons jouent aux billes en utilisant des noix : ils édifient une petite pyramide avec trois noix, qu'ils visent avec la quatrième. Le gagnant empoche toutes les noix! Les filles font aussi des exercices physiques d'équilibre sur des planches basculant sur de grosses bûches. Elles apprennent à jongler avec des balles de cuir remplies de son. ▼

▲ *Les enfants jouent au yoyo, un double disque en bois ou en céramique, actionné par une cordelette. Ils poussent des balles avec des cannes recourbées, comme pour notre hockey, et jouent aussi au cerceau.*

AU THÉÂTRE

Les Athéniens se lèvent tôt le matin pour occuper les meilleures places. Il y a souvent des bagarres car les premiers gradins sont réservés aux magistrats, aux prêtres, aux privilégiés de la cité. Il faut apporter de quoi manger et boire, car la journée sera longue : quatre pièces s'enchaînent, avec des danses et des récitations de poèmes. A Athènes, les grandes fêtes de Dionysos durent quatre jours : trois pour les concours de tragédies, un pour les comédies.

Pour cela, les citoyens les plus riches d'Athènes doivent payer un super-impôt, la chorégie, afin de faire jouer des pièces de théâtre en l'honneur de Dionysos, dieu venu d'Asie, qui symbolise la vie, l'ivresse et la création.

Nommés chorèges, les gros contribuables recrutent les chœurs comiques et tragiques, les chanteurs et les comédiens qu'ils doivent entretenir, habiller, parer, préparer pour le grand spectacle auquel doivent assister tous les habitants de la cité : les citoyens, bien sûr (on donne aux plus pauvres des places gratuites sur les gradins), mais aussi parfois leurs femmes - placées, toutes ensemble, sur les gradins les plus élevés -, les jeunes gens, les métèques. Seuls les esclaves sont exclus.

Pendant la grande époque de Périclès, le théâtre d'Athènes était en bois. Mais on a construit, dans toute la Grèce, de nombreux théâtres de pierre. Au centre, l'autel et l'orchestre circulaire où évolue le chœur. Les acteurs jouent sur la scène, surélevée. Derrière la scène, les loges.
▼

◄ *Le public s'installe sur les gradins de bois bâtis en plein air.*

A ussi, gare au chorège qui ne choisit pas de bonnes pièces ! Il est hué par la foule, qui manifeste bruyamment sa joie quand la pièce est bonne. Les poètes en provenance des autres villes de Grèce ne manquent pas de participer aux concours. On les sélectionne, on leur demande de mettre eux-mêmes leurs pièces en scène et d'engager le maître des chœurs. Celui-ci recrute les joueurs de flûte et les chanteurs. En 472, Périclès choisit ainsi le grand poète Eschyle qui donne cette année-là les *Perses* à l'Acropole...

L es comédiens sont tous des hommes. Ils sont masqués et obéissent à l'acteur principal, appelé protagoniste. Même dans les comédies d'Aristophane les rôles de femmes sont tenus par des hommes : le théâtre est avant tout une cérémonie religieuse, dont les femmes sont exclues. Après les représentations, le poète, le chorège et le protagoniste vainqueurs reçoivent une récompense : une simple couronne de lierre, mais un prestige immense dans toute la Grèce.

*Un masque
de comédie.*

▲ *Un masque de tragédie,
représentant le personnage
d'Hercule.*

▲ *Une piécette de plomb (face et revers) :
le ticket d'entrée pour le théâtre. Les
citoyens pauvres ne payent pas. Les
autres doivent verser deux oboles.*

Un acteur comique.

▲ *Ces acteurs masqués jouent la
tragédie du grand Sophocle, Œdipe Roi.
On voit le devin Tirésias, le vieillard, au
premier plan avec son bâton. Puis Œdipe
et sa mère, Jocaste. Enfin le chœur,
derrière l'autel de Dionysos, où, avant le
début des représentations, l'on rend
hommage au dieu.*

*L'Odéon est un petit théâtre où l'on auditionne poètes
et musiciens, et où ont lieu des concours de musique.
Ce jeune joueur de cithare donne un concert devant
ses "juges". Il chante des vers de sa composition.* ▼

*Au son de la double flûte, les hommes du chœur (les
choreutes) comique représentent ici la marche des
cavaliers. Ils portent des têtes et des queues de
cheval, et ils parcourent l'orchestre du théâtre,
montés par d'autres comédiens, habillés en soldats.* ▼

LES JEUX DU STADE

La course de chars. ▶

Dès l'enfance, les Grecs s'entraînent aux compétitions sportives qui sont encouragées par les cités. Aussi, des concours ont lieu dans les villes et dans les grands sanctuaires où l'on vient en foule pour adorer Zeus ou Apollon.

Le sport le plus populaire est la lutte, pratiquée dès l'âge de dix ans. Le pancrace en est une curieuse version, qui attire toujours les amateurs de sports violents : tout est permis, sauf de crever les yeux de son adversaire ! Les combattants se roulent dans la boue (la terre, fraîchement remuée, a été aspergée d'eau) et se tordent hardiment les membres. Le combat cesse quand l'un des deux lutteurs lève le bras, épuisé. On pratique aussi la boxe, en s'enroulant des bandes de cuir autour des poings.

▲ *Ces deux boxeurs s'affrontent impitoyablement. Le juge veille au bon respect des règles. Des bandes de cuir (parfois plombées) sont enroulées autour des paumes et des avant-bras. Chaque coup devient redoutable pour l'adversaire et le combat s'achève lorsque l'un des deux athlètes abandonne, ou s'écroule à terre, exténué.*

C'est au son de la flûte que les sauteurs, haltères au poing, s'entraînent dans le stade. Ces haltères pèsent jusqu'à 5 kilos. A Crotone, un athlète aurait largement battu le record du monde actuel du saut en longueur (8,90 m) en faisant un bond de 16 mètres ! ▶

40

Tout athlète emporte au stade un flacon d'huile et une éponge. La poussière, pendant l'exercice, s'est incrustée sur son corps enduit d'huile. Aussi se décape-t-il à l'aide d'une sorte de racloir en bronze, le strigile. Il se lave ensuite à la fontaine. ▶

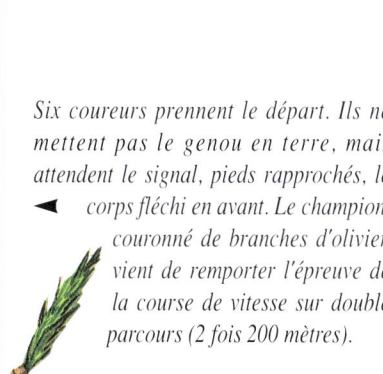

L es enfants apprennent le saut en longueur en tenant dans leurs mains des haltères de pierre ou de métal, qui leur permettent de bien calculer les mouvements des bras. Les jeux comportent souvent aussi des concours de lancer de disques, qui peuvent peser jusqu'à quatre kilos, ou de javelots. Mais les épreuves les plus recherchées sont les courses dans les stades, longs de deux cents mètres en moyenne.

L es fêtes d'Olympie ou Jeux Olympiques avaient lieu tous les quatre ans au sanctuaire de Zeus, dans le Péloponnèse. Même les esclaves pouvaient y assister, mais non les femmes mariées. Ces festivités attiraient tous les hommes illustres de Grèce et, naturellement, tous les parieurs, friands de courses de chevaux !

L es plus riches, comme Alcibiade, entraînaient des écuries qui remportaient aisément les grands prix. En 416 avant Jésus-Christ, il fit courir, à Olympie, neuf chars attelés de quatre chevaux. Alcibiade avait gagné les plus belles couronnes. Car la fin des épreuves, qui duraient sept jours, était marquée par une procession solennelle, un grand banquet et la proclamation des résultats par le héraut. Les vainqueurs, dont les noms devenaient célèbres dans la Grèce tout entière, étaient vénérés comme des héros.

Six coureurs prennent le départ. Ils ne mettent pas le genou en terre, mais attendent le signal, pieds rapprochés, le ◀ *corps fléchi en avant. Le champion couronné de branches d'olivier, vient de remporter l'épreuve de la course de vitesse sur double parcours (2 fois 200 mètres).*

LES ARCHITECTES CHANGENT LA VIE

Les architectes, en Grèce, sont les maîtres des arts. Ils érigent sur l'ensemble du territoire les temples des dieux. Le célèbre sculpteur et architecte Phidias, qui travaille à Athènes sous Périclès, organise de gigantesques travaux sur l'Acropole et fait construire de somptueux temples tout en marbre.

Dépensant plus de 2 000 talents (12 millions de drachmes, soit plus de quatre fois le budget annuel de la confédération d'Athènes), il donne ainsi du travail à une armée de carriers, de marbriers, de tailleurs de pierre, de peintres et de sculpteurs. "J'ai réalisé, disait Périclès, dans l'intérêt du peuple, ces grands projets de construction, ces travaux destinés à occuper longtemps diverses industries."

En l'honneur de la déesse Athéna, Phidias fait édifier le Parthénon sur le point le plus élevé de l'Acropole. Cinq architectes mettent quinze ans (de 447 à 432) pour réaliser ce chef-d'œuvre, entièrement construit en marbre pentélique. Les sculpteurs ont dû représenter, rien que pour décorer les 160 mètres de frise courant en haut des colonnes, quatre cents personnages et deux cents figures d'animaux !…

◄ *Le ravalement et la finition d'un temple dorique. Les ouvriers sculptent les cannelures et font progressivement disparaître les tenons de bardage des disques des colonnes.*

Il y a deux styles de temples grecs : le dorique, robuste et continental, avec ses larges colonnes ; l'ionique, plus gracieux, avec ses chapiteaux à volutes et ses fûts de colonnes plus minces. Le chapiteau corinthien, avec ses feuilles d'acanthe, sera employé après l'âge classique. ►

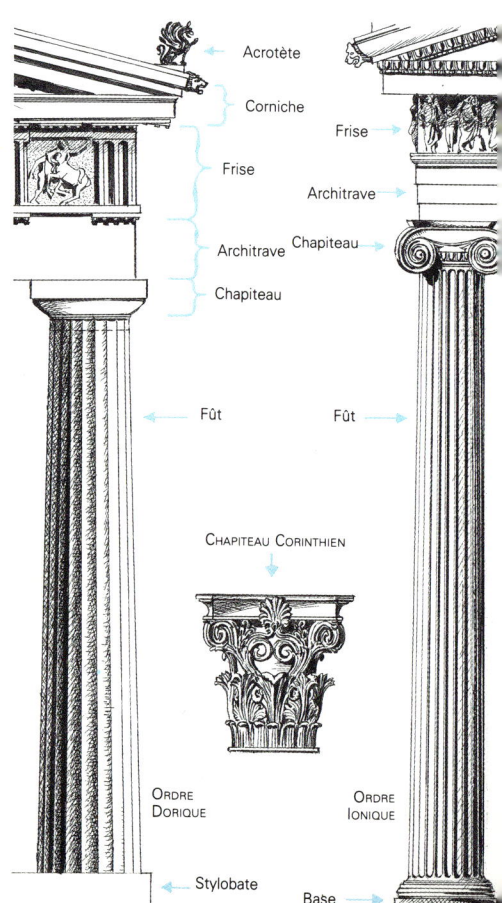

Acrotète

Corniche

Frise

Architrave

Chapiteau

Fût

ORDRE DORIQUE

Stylobate

Frise

Architrave

Chapiteau

Fût

CHAPITEAU CORINTHIEN

ORDRE IONIQUE

Base

Depuis les blocs entassés, comme par des cyclopes, des forteresses de la Grèce primitive (telles qu'on les a retrouvées à Mycènes ou à Tyrinthe), jusqu'aux murs polis, finis, parfaitement lisses des temples de l'Acropole, il y a une longue évolution. Voici les différents types d'"assemblage" des pierres ou des blocs de marbre. ▶

A thènes élève à ses dieux des monuments orgueilleux, tandis que les autres villes rivalisent d'efforts. Olympie édifie son temple de Zeus, comme Delphes a réalisé celui d'Apollon. Des villes de faible importance politique comme Egine, Argos ou Bassae, une petite bourgade située dans le Péloponnèse, trouvent les moyens de construire des temples superbes. En Sicile se construisent les grands temples d'Agrigente et de Syracuse.

▲ *Les blocs de marbre, soigneusement taillés, sont levés grâce à un treuil et mis en place avant d'être scellés les uns aux autres par des crampons en plomb. Ils sont joints rigoureusement et l'on ne voit plus les crampons, recouverts par d'autres blocs.*

C' est que les dieux et les déesses (Athéna, Héra, la femme de Zeus, Zeus lui-même et Apollon) soutiennent les hommes qui les honorent en donnant le meilleur d'eux-mêmes pour leur construire des temples. Aucun Grec ne regrettera jamais les millions de drachmes investies dans le Parthénon et les magnifiques sanctuaires. Non pas seulement pour la gloire d'Athènes, mais surtout pour le bien des hommes. Car celui qui a vu une fois la statue de Zeus à Olympie, disaient les Anciens, ne peut plus être tout à fait malheureux. Par l'art, les architectes d'Athènes avaient changé la vie.

On utilise déjà des tuiles :

1. Tuiles de Laconie. ▲

2. Tuiles de Corinthe . ▲

3. Bordure de toit, en terre cuite peinte. ▶

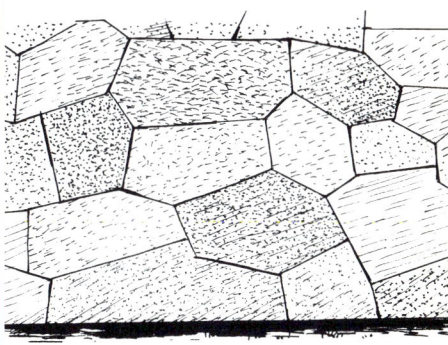

▲ *1. Assemblage polygonal.*

2. Assemblage rectangulaire isodome. ▼

▼ *3. Assemblage pseudo-isodome.*

4. Assemblage avec parpaings et carreaux. ▼

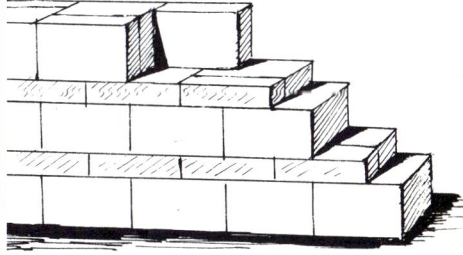

DES CITÉS
SUR LE PIED DE GUERRE

Les adieux de l'éphèbe à sa famille. ▲

Pour sauver son indépendance, toute cité grecque doit se faire respecter des autres, et pour cela entretenir en permanence une garnison d'hommes armés. Ceux de Thèbes, au IVe siècle, forment un "bataillon sacré" de 300 soldats, qui suffisent à inspirer la terreur.

Chez les Grecs, la guerre est naturelle. Elle exprime les rapports entre les Etats et les petites cités rivales. Athènes, Thèbes, Sparte sont des villes guerrières, qui mobilisent leurs citoyens pour en faire toute leur vie des soldats, de 18 à 60 ans. Ils sont cavaliers ou hoplites, c'est-à-dire fantassins, armés du casque et de la cuirasse, et défendent leurs cités sur le champ de bataille. D'abord contre les envahisseurs perses, avant de se battre les uns contre les autres, en des guerres fratricides.

◄ *L'éphèbe, à Athènes, prête serment dans le temple d'une déesse très ancienne, Aglaure, au nord de l'Acropole, comme le veut la tradition. "Je ne déshonorerai pas les armes que je porte, dit-il, et je n'abandonnerai pas mes camarades au combat ; je lutterai pour défendre les dieux et l'Etat."*

▲ *La Grèce ne possède pas de chevaux et peu de cavalerie, car elle manque de prairies. A sa meilleure époque, Athènes ne peut aligner que 1 000 cavaliers. Elle importe les chevaux de Macédoine, où ils sont nombreux et vifs. Ceux qui servent dans la cavalerie appartiennent aux familles les plus riches. La fourniture et l'entretien du cheval sont en effet à leur charge.*

L es Spartiates sont les plus exigeants. De 16 à 20 ans, leurs jeunes gens subissent une formation intensive. Puis ils sont incorporés dans l'armée, où ils restent jusqu'à 30 ans sans pouvoir exercer leurs droits civiques, ni, s'ils sont mariés, leurs devoirs conjugaux ; car ils couchent sous la tente, mangent et dorment avec leurs camarades. Les cinq régiments de hoplites de Sparte étaient redoutables sur les champs de bataille par leur adresse à manœuvrer, leur endurance aux marches et contre-marches, leur obstination dans les combats.

L es Athéniens subissent un entraînement aussi poussé, mais leur attirance pour le métier militaire est moins grande. Ils ont, avec le commerce et l'entreprise, d'autres sollicitations. D'ailleurs Athènes est redoutable, surtout sur mer. Mais il lui faut quand même des soldats pour se défendre. Aussi impose-t-elle à tous les jeunes gens de 18 à 20 ans - les éphèbes - un sévère entraînement avant de les incorporer dans son armée active, qui compte, en 431, 13 000 hoplites, et 1 000 cavaliers. Jusqu'à l'âge de 60 ans, ils peuvent partir en campagne si le pays l'exige. Athènes s'était donné une armée en rapport avec ses ambitions. Elle payait, en plus, de nombreux mercenaires.

▲ *A la fin de la première année du service militaire, les éphèbes reçoivent leurs boucliers, en présence de l'assemblée du peuple réunie, pour la circonstance, dans le théâtre d'Athènes. On leur donne aussi une lance, et ils sont passés en revue par les stratèges qui commandent aux armées.*

◄ *Les éphèbes ont déjà appris au cours de leurs études à lancer le javelot : c'est un des exercices que leur imposait, au gymnase, le pédotribe. Une fois au service militaire, ils s'entraînent à le lancer avec force et précision, ainsi qu'à l'utiliser pour parer aux attaques des cavaliers. Ils tiennent garnison dans les forteresses autour d'Athènes et accomplissent, sous la conduite des officiers, de pénibles marches en Attique. Le service militaire dure deux ans.*

LA TECHNIQUE MILITAIRE

Les hoplites à l'exercice font une manœuvre de conversion, passant de la formation en colonne à celle du combat. ▶

P our vaincre, il faut frapper vite et fort, en attaquant l'adversaire à coups de javelots, avant de l'aborder au corps à corps, à l'épée. C'est que les Athéniens, les Spartiates et les Thébains, qui ont les armées les plus fortes de la Grèce, ne comptent ni sur les cavaliers ni sur les machines de guerre pour se défendre, mais sur les jambes et les bras de leurs fantassins, les hoplites. En effet, les cavaliers servent à assurer des missions de reconnaissance ou à poursuivre l'ennemi en déroute.

L es épées sont courtes et larges, tranchantes des deux côtés. Le guerrier se protège la tête avec un casque, la poitrine avec une cuirasse de bronze, les jambes avec des cnémides. Sa grande lance en bois de frêne, à pique métallique, mesure environ deux mètres. Il sait manœuvrer en bataille sans s'empêtrer dans l'armement, sous les ordres des dix officiers, les taxiarques, qui sont, à Athènes, nommés par le peuple. C'est un magistrat, l'archonte polémarque, qui est responsable de l'armée. Les généraux à la bataille sont toujours des stratèges, eux aussi nommés par le peuple.

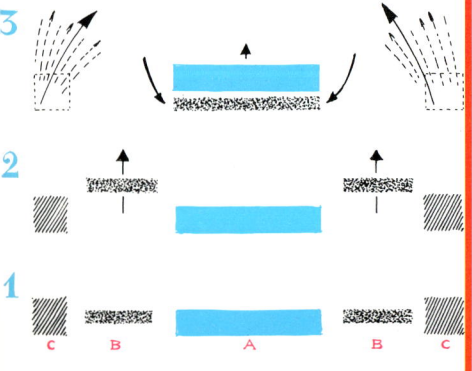

◀ L'armée en ordre de bataille (1) comprend en son centre (A) l'infanterie lourde des hoplites et, aux ailes, l'infanterie légère (B) et la cavalerie (C). Dans un premier temps l'infanterie légère avance pour lancer ses javelots, puis elle se replie derrière les hoplites qui attaquent à leur tour, sous la protection des cavaliers (2 et 3).

L es Athéniens disposent d'unités d'infanterie plus légères : les peltastes aux boucliers d'osier, les frondeurs qui lancent à deux cents mètres, avec précision, des pierres ou des boules de plomb et de bronze, les archers aux bonnets pointus qui servent de valets d'armes aux hoplites et peuvent combattre à cheval.

P our attaquer les forteresses, les Grecs n'ont pas encore de machines de guerre efficaces. Il faut alors réduire les ennemis à la famine par un long siège, ou se faire ouvrir les portes par trahison. La tactique et la stratégie changent lorsque les Thébains, puis les Macédoniens, constituent les célèbres phalanges, masses de lanciers attaquant tous ensemble et bousculant tout sur leur passage. Mais il faut pour cela attendre la fin du IVe siècle...

Le valet d'armes aide l'hoplite à revêtir ses armes. Il fixe avec des agrafes les deux parties de la cuirasse de bronze, sous le regard d'un archer au costume barbare (les Grecs ignoraient le pantalon), qui tient à la main un arc traditionnel à double courbure. Parfois, les hoplites accrochent au bas de leurs boucliers un tablier de cuir frangé, afin de protéger leurs jambes. Pour la marche, ils fixent les boucliers sur leurs épaules avec des courroies.

▲ *La phalange macédonienne est subdivisée en unités comprenant deux groupes de 128 fantassins chacun. Les hoplites se tiennent ordinairement à un mètre les uns des autres. Quand l'officier, ou taxiarque, donne le signal du combat, la trompette sonne et les hommes entonnent le péan, un chant de guerre.*

47

LA GUERRE

Un cavalier poursuit l'hoplite blessé. ▲

Pour tous les Grecs, la guerre est sacrée. Elle est voulue par les dieux qui en suivent avec passion les épisodes. On ne déclare pas la guerre sans les avoir consultés dans les oracles. On n'engage pas le combat sans s'être assuré de leur accord. C'est ainsi que l'on a vu une troupe de Sparte se faire cribler de flèches sans réagir, parce qu'elle pensait que les dieux n'avaient pas donné leur assentiment.

La guerre se livre sur un champ de bataille, où l'on se dispose méticuleusement face à l'ennemi, en attendant l'heure de l'attaque. Le général en chef emporte toujours avec lui en campagne les images des dieux, et le foyer où brûle le feu de la cité. Il consulte les devins aussi souvent qu'il le faut. Les armées manquent parfois de médecins, jamais de devins !

◄ *L'armée en marche, à travers les montagnes grecques, souffre de la chaleur de l'été. Les fantassins armés de piques protègent en files les bagages, situés au centre. Les ânes et les mulets portent les vivres et les armes de rechange.*

▲ *Au temps d'Alexandre (IVᵉ siècle avant Jésus-Christ), les Perses perfectionnent leurs machines et leurs chars de guerre. Des faux, assujetties dans l'essieu des roues, coupent les jambes des fantassins.*

Les Grecs se laissent d'abord surprendre., puis leurs archers réagissent en visant les conducteurs de chars, qui ne portent ni casques ni cuirasses. Les chevaux fous sont ensuite maîtrisés.

L a bataille peut durer plusieurs jours, mais se livre souvent en une longue journée. L'ennemi est attaqué vigoureusement, en ordre. S'il ne peut conserver son ordre, il est défait, et doit reculer. Il est alors assailli par les cavaliers, qui le poursuivent dans sa retraite. S'il se réfugie dans une ville assiégée, on brûle alentour les récoltes et l'on coupe les arbres fruitiers, les oliviers eux-mêmes, pour ne pas laisser à l'adversaire la moindre chance de survivre. La ville prise est incendiée, sa population massacrée ou emmenée en esclavage. Les blessés sont achevés sur le champ de bataille.

▲ *Il est impensable, pour un Grec, de laisser ses compagnons tués au combat sans sépulture. On recherche donc tous les hommes tombés pour les enterrer, après leur avoir retiré leurs cuirasses et leurs armes. Les Athéniens élèvent déjà des monuments à leurs morts.*

A près la victoire, l'armée enterre ses morts et laisse les survivants adverses enterrer les leurs. Puis les armes des vaincus, réunies en tas, sont accrochées à un arbre pour former un trophée que l'on dédie aux dieux. Malheur à qui veut voler les armes suspendues aux trophées : elles sont sacrées ! Tout le reste du butin sert à faire des offrandes aux dieux. On leur élève des statues ou des "trésors" dans les grands sanctuaires de Delphes, d'Olympie, ou de Délos.

◄ *Même les sanctuaires de l'adversaire sont pillés quand on prend une ville. Nul ne se sent tenu de respecter les dieux des autres. N'ont-ils pas abandonné les leurs dans le combat ? Les femmes et les enfants eux-mêmes n'échappent pas toujours au massacre. Le plus souvent, cependant, ils sont emmenés comme esclaves.*

LES FLOTTES DE GUERRE

Une trière éperonne une galère ennemie. ▶

▲ *Les birèmes, navires à deux rangs de rameurs, n'étaient pas rares. Plus légers que les trières, ils naviguaient plus facilement à la voile, en dehors des combats.*

Plus de quarante mille rameurs, gabiers, soldats, marins, étaient nécessaires pour équiper les deux cents trières d'Athènes au Ve siècle. Depuis la guerre contre la Perse et la bataille de Marathon, livrée en 490 avant Jésus-Christ, Athènes, à l'instigation de son stratège, Thémistocle, avait en effet décidé d'être la première puissance navale, et de défendre son avenir sur mer. Elle aurait eu jusqu'à 400 trières !

Une trière, c'est un bateau de guerre long d'environ 40 mètres, large de 5 à 6, actionné par trois rangs de rameurs (170 au total) et pourvu, à la proue, d'un éperon capable de percer les flancs de navires adverses. La trière est en bois de pin, sauf sa quille, qui est en chêne. Elle peut naviguer à la voile ; mais, au combat, les manœuvres doivent être d'une telle précision qu'elles ne peuvent être exécutées qu'à la rame.

▲ *La trière (présentée ici en position de combat) restait cependant vulnérable sur ses flancs. Un des objectifs de la bataille navale était de longer la trière ennemie pour briser d'un coup tous les rangs de rames. Ainsi désarmée, elle pouvait être éperonnée sans réagir. Cela demandait une grande précision dans la manœuvre, et l'homme qui commandait au gouvernail, le timonier, devait avoir beaucoup d'adresse.*

▲ *L'équipage de la trière regagne le navire. Les hommes portent leurs armes et les coussins de cuir sur lesquels ils vont s'asseoir. Ils reçoivent en moyenne une drachme par jour de navigation.*

▲ *Les rameurs, de chaque côté du navire, sont postés sur trois rangs. Ils suivent la cadence indiquée par des joueurs de flûte. Leurs rames sont d'inégale longueur. Celles du banc supérieur mesurent plus de trois mètres !*

L es rameurs sont des citoyens d'Athènes : les plus pauvres, ceux que l'on appelle les thètes. On embarque aussi les métèques, plus rarement les esclaves. Le sort du combat dépend de l'adresse et de la discipline des rameurs. Au son de la flûte, ils poussent vers l'ennemi la lourde trière, commandés par le triérarque et ses officiers. Car la trière est payée par l'Etat, mais équipée et entretenue par les citoyens les plus riches, désignés chaque année par les stratèges.

G râce à ses trières, Athènes est pendant près d'un siècle la maîtresse incontestée de la mer Egée. Elle lance même des expéditions jusqu'en mer Noire et dans l'extrême ouest. Instruments essentiels de la puissance d'Athènes, les trières sont aussi les auxiliaires principaux des colonies grecques d'Orient et d'Occident.

T out comme l'armée, la flotte n'attaque pas si les dieux ne sont pas favorables. Les navires portent des yeux magiques peints sur leur proue, destinés à conjurer le mauvais sort. On offre aux dieux des trophées navals après la victoire, et les marins d'Athènes, quand ils combattent sur des rivages proches de la cité, comme Salamine, gardent les yeux fixés sur le casque doré de l'Athéna porteuse de lance, qui surveille tous les combats.

Au port du Pirée, un riche Athénien a été chargé par les stratèges de l'entretien d'une trière. Assis sur le bélier de bronze qui va garnir l'éperon du navire, il écoute les explications du maître de chantier. ►

▲ *Cette monnaie athénienne, frappée en 306 avant Jésus-Christ, commémore une victoire navale : elle représente la proue d'un navire.*

A CHACUN SON DIEU!

▲ *A Dodone, en Epire (au nord-ouest de la Grèce), Zeus possède un sanctuaire, près des chênes sacrés dont le feuillage donne des oracles. Le bruit du vent dans les branches est interprété par des prêtresses, les Péléiades, qui en tirent des conséquences pratiques pour les pèlerins.*

Le sacrifice d'une chèvre à la déesse Artémis. ▼

Les dieux grecs sont partout. Sur terre et dans les eaux, au ciel et sur la lune, dans les chênes et les oliviers, dans les torrents et les volcans. Rien n'arrive sans la volonté des dieux. Zeus déclenche la foudre, les tremblements de terre, ou la pluie. Aphrodite, la passion amoureuse. Arès, le dieu de la guerre, donne la victoire, ou, s'il est mécontent, la défaite. Poséidon, quant à lui, a fait jaillir l'eau de son trident, sur le rocher de l'Acropole à Athènes. Et si le blé pousse en Attique, c'est grâce à Déméter, qui libère, tous les ans, sa fille Coré, emprisonnée sous terre par Hadès. Et si les malades guérissent quelquefois, ils le doivent à Asclépios, l'enfant d'Apollon, qui les soigne pendant leurs songes.

Les Grecs passent leur temps à conjurer le sort et à remercier les dieux. Ils le font collectivement, dans les cultes officiels des cités. Athéna, Zeus, Apollon reçoivent sur les autels des offrandes : libations de vin et de lait, gâteaux et pâtisseries, sacrifices de moutons, de chèvres, de brebis, de vaches et de taureaux, de porcs et de boucs. En matière de sacrifices d'animaux, les déesses préfèrent les femelles, de couleur blanche ou claire. Seul Hadès, dieu des Enfers, aime les taureaux noirs.

Le matin de bonne heure, les prêtres égorgent les victimes parées de couronnes, et dont les cornes ont été dorées, enguirlandées de laine. Leur sang doit asperger l'autel. On offre au dieu un morceau de leur chair, puis les prêtres et l'assistance mangent le reste de la bête. Si l'on brûle toute la victime sans la manger, c'est l'holocauste, sacrifice offert aux morts ou aux dieux de l'Enfer. Si l'on présente cent boeufs d'un coup - quand le dieu est très exigeant - c'est l'hécatombe.

◄ Après le sacrifice, les fidèles viennent chercher leur part de l'animal immolé, pour manger sur place, dans la ferveur et le recueillement. On dit que les dieux aiment le fumet de la chair animale. La viande est toujours cuite, sauf dans les cérémonies des sociétés secrètes qui adorent Orphée.

C omment alors ne pas se concilier les dieux à tout prix quand on part en mer ou en guerre ? Rien n'est trop beau pour les dieux. On essaie, à toutes forces, de discerner leurs intentions pour l'avenir, de les deviner. Cette divination, art des devins, est constamment pratiquée. On examine, dans les sacrifices, les entrailles des victimes, comme le vol des oiseaux et leurs cris. On interprète les songes. Et l'on paye très cher la Pythie de Delphes, une vieille paysanne inspirée par Apollon...

▲ La déesse Athéna, protectrice de la ville d'Athènes.

▲ Ces jeunes filles couronnent la statue d'Hermès, (un dieu protecteur), au coin d'une rue : il y a des dieux à tous les carrefours d'Athènes! Les formes de piété apparaissent à chacun des moments de la vie quotidienne. Une armée ne traverse pas un fleuve sans faire une prière au dieu du Fleuve...

▲ L'eau est rare en Grèce. Les sources, les fleuves, les grottes fraîches sont sacrés. Les sources sont hantées par des divinités féminines, les "nymphes". Ce paysan doit se purifier, avant de traverser le cours d'eau, pour ne pas les offenser ; autrement, elles se vengent.

A Epidaure, les pèlerins (qui sont aussi des malades) se couchent le soir sous le "portique d'incubation". Pendant leur sommeil, ils doivent rêver que le dieu médecin Asclépios (Esculape) touche la partie du corps malade et donne des indications pour sa guérison. ▼

◄ La famille se réunit sur la tombe des morts, au jour anniversaire de leur décès. C'est l'occasion d'offrandes ou de libations. Malheur à qui ne rendrait pas leur culte aux morts ! Les cimetières grecs sont des lieux constamment fréquentés, situés à l'extérieur des villes.

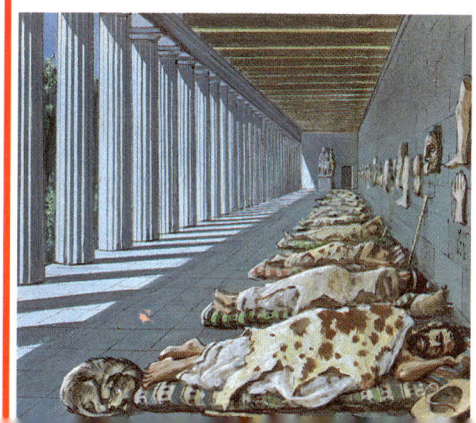

DES CÉRÉMONIES
AU RYTHME DES SAISONS

▲ *C'est la fête des Panathénées. Les citoyens, qui ont tous à la main un rameau d'olivier, conduisent à la déesse les quatre boeufs et les quatre moutons des premiers sacrifices. Le cortège se forme dans le quartier du Céramique et parcourt toute la ville avant d'arriver au Parthénon.*

A Athènes, on célèbre des fêtes d'un bout de l'année à l'autre. Toutes ont un motif religieux. Chaque mois (l'année en comptait dix), un dieu se trouve honoré par une cérémonie qui est, le plus souvent, un prétexte à réjouissances.

L'année commençait en juillet, avec la grande fête nationale d'Athènes, celle des Panathénées, qui durait deux jours. Pour nourrir toute la cité, on égorgeait autant de boeufs qu'il était nécessaire. Tous les quatre ans, les "grandes panathénées" mobilisaient pendant quatre jours tous les habitants d'Athènes, y compris les métèques, pour la procession qui portait à la déesse Athéna abritée sous un temple, l'Erechthéion, le péplos (vêtement sans manches) brodé par les jeunes filles de la ville.

Après Athéna, Apollon : il était glorifié en octobre pour la fête des Semailles d'hiver. On lui offrait alors un plat de fèves. On l'adorait de nouveau en mai, car ce dieu purificateur devait, au printemps, chasser les souillures de la cité et conjurer le mauvais sort qui menaçait les récoltes.

La procession des Panathénées à Athènes. Les jeunes gens riches de la ville débouchent à cheval, en fin de cortège, sur l'Acropole. Au fond à gauche, l'Erechthéion ; à droite, le Parthénon. ▼

▲ *C'est la grande fête de Dionysos. La veille, on a couronné les meilleurs buveurs, ceux qui ont avalé le plus de vin possible! Dionysos est ici représenté par un haut magistrat d'Athènes, l'archonte-roi.*

Sa femme est la reine de ce curieux carnaval. Son char, en forme de navire, est traîné par des satyres vêtus de peaux de léopards et par des femmes échevelées, les Ménades.

L e dieu le plus populaire était Dionysos : à la campagne, on vénérait en lui le dieu du Vin et des Vendanges ; à la ville, on célébrait, en son honneur, les grandes Dionysies, pendant cinq jours, tous les ans, à la fin de l'hiver. On donnait à cette occasion les grands concours de poésie, de comédie et de tragédie.

M ais bien d'autres dieux inspiraient les Athéniens : les femmes célébraient solennellement, au mois d'octobre, en excluant les hommes de leurs banquets, la déesse Déméter. Elles lui présentaient des sacrifices pour que la divinité leur donne, comme à la terre, la fécondité. Poséidon, le dieu barbu, était adoré en décembre, ainsi que Cronos, le père de Zeus, et son épouse Rhéa, qui commençaient l'année en recevant les prémices des moissons.

A insi les dieux n'étaient jamais seuls. Et toujours associés aux joies et aux terreurs des hommes. Il ne fallait pas qu'il y eût dans l'Olympe des dieux jaloux ou mécontents.

◄ *Apollon est le dieu purificateur. Au mois de mai, on choisit deux hommes que l'on frappe à coups de branches de figuiers. On les chasse de la ville, pour éloigner les souillures, les impuretés du peuple. Ils sont, en somme, les boucs émissaires. C'est la fête des "pharmacoï".*

▲ *Le 25 mai, pour purifier la ville d'Athènes, on conduit en procession la vieille statue en bois d'olivier d'Athéna jusqu'à la mer, à Phalère. Elle est plongée dans les flots avec son péplos. Puis on lui offre des gâteaux de figues sèches.*

TEMPLES ET SANCTUAIRES

▲ Le temple de Zeus à Olympie, avec la statue du dieu en ivoire et en or.

Les Grecs construisent à grands frais des temples somptueux, comme à Athènes, Corinthe, Argos, Thèbes, en Asie ou en Sicile. Le plus vaste, celui de Sélinonte, a 113 mètres de long sur 54 de large. Depuis le VIIe siècle avant Jésus-Christ, les temples sont en pierre, souvent en marbre, et font déjà l'admiration des voyageurs.

Les temples sont tous bâtis sur le même modèle : autour de la grande pièce (ou naos) qui abrite la statue du dieu, avec son vestibule, des colonnades extérieures, un toit à double pente, un grand fronton sculpté. Mais les architectes font des prouesses pour leur donner les proportions idéales. Et la décoration des sculpteurs et des peintres les transforme en musées, que l'on vient admirer de loin. Le Parthénon et le temple de Zeus à Olympie portent les plus belles sculptures du monde grec : la frise des Panathénées et les travaux d'Hercule.

◄ Cette paysanne assise sur un trépied, c'est la pythie de Delphes. Dans le sous-sol du temple d'Apollon, elle mâche des feuilles de laurier. Les prêtres et consultants attendent dans une pièce voisine qu'elle dise l'avenir, inspirée par le dieu. Ses réponses sont toujours équivoques.

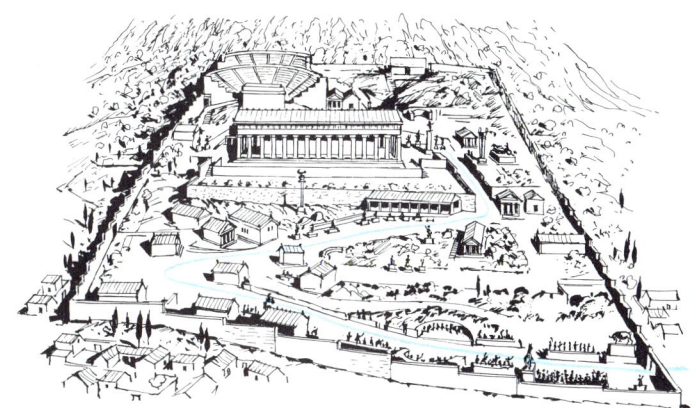

Le sanctuaire de Delphes, accroché aux flancs du mont Parnasse, était traversé par la voie sacrée (en bleu) qui conduisait au temple d'Apollon. Au-dessus du temple, un vaste théâtre en pierre. Le sanctuaire contenait près de 3 000 statues, ex-voto et offrandes déposés en plein air, parfois abrités sous des portiques ou dans des édifices minuscules. ▶

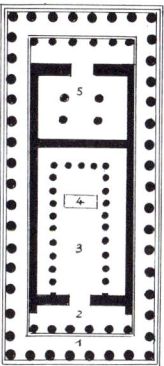

▲ *Plan d'un temple dorique de modèle classique :*
1. Le péristyle. 2. Le pronaos (ou vestibule). 3. Le naos, entouré d'une colonnade intérieure. 4. La statue de la divinité. 5. L'opisthodrome, ou salle du trésor.

L es Grecs se retrouvent dans les grands sanctuaires où ils oublient leurs rivalités pour adorer Apollon à Delphes ou à Délos, Zeus à Olympie, Poséidon au cap Mycale. Ils rivalisent de générosité pour honorer les dieux, en leur offrant des trésors. Celui de Siphnos ou celui des Athéniens à Delphes sont célèbres. Naxos avait élevé à Delphes une colonne de dix mètres de haut, avec un sphinx au sommet !

I l y avait des jeux à Delphes, dont le temple, consacré à Apollon, était immensément riche. Mais les jeux les plus célèbres étaient ceux d'Olympie. Tous les quatre ans, depuis 776 avant Jésus-Christ, les meilleurs athlètes des villes grecques s'y rendaient pour tenter d'emporter les couronnes. La "trêve sacrée" permettait aux athlètes des villes ennemies de traverser toute la Grèce sans dommage.

T out le monde pouvait participer aux jeux, à condition d'être hellène (grec). Olympie était ainsi le symbole de l'union des Grecs autour de leur foi. Ils ne venaient pas là, comme à Delphes, pour connaître l'avenir de leur cité, ni, comme à Epidaure, pour se soigner, mais simplement pour se sentir grecs!

Les visiteurs étaient nombreux dans les sanctuaires grecs. Ici, un guide énumère les nombreux trésors qui s'accumulent sur la voie sacrée de Delphes. A gauche, le trépied en bronze et en or offert à Delphes grâce au butin pris aux Perses à la bataille de Platées en 479 avant Jésus-Christ. ▶

LES DIEUX
DE L'OLYMPE

Héra. Femme de Zeus. Le paon qui a décoré ses plumes avec les yeux d'Argos, lui est consacré.

Athéna. Est sortie toute armée du crâne de Zeus, son père. Protectrice et déesse d'Athènes, elle porte l'égide (peau de chèvre) et un bouclier à tête de méduse. ▶

Déméter. Déesse du Blé et de la Fécondité, elle tient un pavot, symbole du sommeil de la terre en hiver.
▶

Artémis. Soeur jumelle d'Apollon. Déesse vierge, responsable des morts soudaines. Elle ne pardonne pas les offenses. Déesse de la Chasse.
▼

Pan. Dieu à pieds de bouc. Guérisseur des troupeaux et des bergers. Il a inventé pour eux la flûte en roseau (syrinx).

▲
Héphaïstos. Autre fils de Zeus, mais laid et contrefait. Dieu du Feu et de la Métallurgie, mari d'Aphrodite.

Aphrodite. Déesse de l'Amour et de la Beauté, avec son emblème, la colombe.

Hestia. Soeur de Zeus, gardienne du foyer et de la flamme sacrée des autels. ▶

Hadès. Dieu des Morts et des Enfers, dont la porte est gardée par Cerbère, le chien aux trois têtes, qui laisse entrer mais non sortir. Son épouse est Coré, la fille de Déméter.

Zeus. Dieu souverain. Symboles : l'aigle et la foudre.

Apollon. Fils de Zeus, dieu de l'Harmonie, de la Lumière, de la Musique et de la Poésie.

Hermès. Messager des dieux. Protecteur des voyageurs, des âmes des morts, il passe pour avoir inventé l'alphabet et les poids et mesures. C'est le dieu du Commerce.

Dionysos. Fils de Zeus, dieu de l'ivresse, celle du vin et celle des arts.

Poséidon. Avec son trident, il suscite et calme les tempêtes. Dieu de la Mer et des Eaux.

Pêcheur. Fresque de l'île d'Akrotiri. Théra. Athènes. Musée national   Ph.ARTEPHOT ▲

UN CADEAU

Vie Privée des Hommes :

12 VIGNETTES
À DÉCOUPER !

Au Ve siècle, Athènes abrite une population très importante sur une surface assez réduite, la ville étant limitée par l'enceinte fortifiée qui l'entoure. La plupart des habitations sont modestes, faites de torchis, de briques, de bois et de cailloux pris dans le lit des rivières.

Athènes compte plus de 300 000 esclaves ! Ils travaillent pour l'Etat, les administrations, les travaux publics, mais sont aussi achetés par les petits artisans et les familles riches. Ils sont vendus aux enchères, sur l'Agora, une fois par mois, à la nouvelle Lune.

Du VIe au IVe siècle avant Jésus-Christ, pendant trois cents ans, les commandes ne manquent pas aux peintres et aux sculpteurs pour décorer les temples, les sanctuaires, les monuments civils, et même les maisons de quelques riches citoyens.

Les philosophes célèbres vont de ville en ville et dispensent des leçons grassement payées. Certains d'entre eux, les sophistes, sont fort riches. Leurs élèves favoris les suivent dans leurs tournées de conférences à travers toute la Grèce.

De nombreux théâtres ont été construits en Grèce. Ils étaient presque toujours en pierre mais celui d'Athènes, pendant la grande époque de Périclès, était en bois. Les acteurs jouaient sur une scène surélevée. Derrière eux se trouvaient les loges.

Dès l'enfance, les Grecs s'entraînent aux compétitions sportives, encouragées par les cités. Les épreuves les plus recherchées sont les courses dans les stades, longs de deux cents mètres en moyenne. Les athlètes qui triomphent aux Jeux d'Olympie sont vénérés dans tout le pays.

Les Athéniens, les Spartiates et les Thébains ont les armées les plus fortes de la Grèce. Leurs fantassins s'appellent les hoplites. Ils se protègent la tête avec un casque, la poitrine avec une cuirasse de bronze, les jambes avec des cnémides.

Pour tous les Grecs, la guerre est sacrée : elle est voulue par les dieux. On ne déclare pas la guerre sans les avoir consultés et l'on n'engage pas le combat sans s'être assuré de leur accord. Une fois la bataille gagnée, le butin leur est donné en offrande.

Plus de quarante mille rameurs, gabiers, soldats, marins étaient nécessaires pour équiper les deux cents trières d'Athènes au Ve siècle. La trière était un bateau de guerre d'environ quarante mètres, actionné par trois rangs de rameurs (170 au total).

Les dieux grecs sont partout. Rien n'arrive sans leur volonté. Aussi, le peuple passe beaucoup de temps à conjurer le sort et à remercier les dieux, collectivement, dans les lieux de culte officiels des cités. Ici, une chèvre va être sacrifiée à la déesse Artémis.

A Athènes, on célèbre beaucoup de fêtes, toutes religieuses. Celle des Panathénées, en juillet, dure deux jours. On apporte à la déesse Athéna, en grande procession, le péplos (un vêtement sans manches) brodé par les jeunes filles de la ville.

Les Grecs construisent à grands frais de très nombreux temples somptueux. Ils sont tous bâtis sur le même modèle, une grande pièce, le naos, abritant la statue du dieu. Il s'agit ici du temple de Zeus à Olympie. La statue du dieu est en ivoire et en or.

Les animaux en ce temps -là

par Paul Henry-Plantain

Lettre supposée d'Hippodamos de Corinthe
à son jeune neveu Kynophilos d'Akanthos

Viandes et poissons sur la table des Grecs

Le saviez-vous ?

LETTRE SUPPOSÉE D'HIPPODAMOS DE CORINTHE..

Tu me dis que tu voudrais écrire un livre sur les animaux et tu me demandes de te raconter tout ce que j'ai rassemblé à leur sujet depuis tant d'années. Je t'envoie donc cette lettre de Corinthe où Alexandre qui vient de recevoir le titre de Chef des Grecs contre les Perses s'apprête à franchir l'Hellespont [1].

1. Nous sommes en 332 avant J.-C.

DES ANIMAUX SAUVAGES

T u me racontes que tu as vu les lions sculptés de l'avenue des Processions à Délos... Depuis trois siècles nos artistes ont très souvent représenté cet animal meurtrier, et pourtant il y a fort longtemps qu'il a disparu de nos provinces. Comme le Sphinx et le Griffon il n'est qu'un symbole ; c'est le fabuleux gardien des tombeaux sur lesquels tu as peut-être lu cette épigramme : " Je suis le plus fort des animaux sauvages ; je me suis installé sur la tombe de ce défunt et j'en assume la garde. "

L es seuls fauves qui hantent encore nos forêts, ce sont les loups et les ours. Ces derniers abondaient pourtant il y a plusieurs siècles en Arcadie, au cœur du Péloponnèse. Ils n'existent plus guère ailleurs qu'en Macédoine, en Epire et en Thessalie, surtout dans les montagnes du Pinde. Pour les chasser, on creuse une fosse profonde, aux bords verticaux, que l'on recouvre de branchages pour la dissimuler. Au fond, on attache un agneau qui, par ses bêlements, attire les grands carnassiers. Généralement on ne tue pas les animaux ainsi capturés mais on descend une cage dans la trappe pour les remonter vivants.

T u as lu, bien sûr, la *Cynénégétique* de Xénophon et ce qu'il dit de la chasse (…). Savais-tu que ce grand général chassait même les Ilotes, ces esclaves des Spartiates, quelques années à peine avant ta naissance. Il est vrai que l'Attique n'est pas la plus riche en gibier de nos provinces. Certes il y a beaucoup de renards et d'oiseaux, des perdrix, des cailles, des alouettes, des grives, mais si tu veux chasser les sangliers, les cerfs et les lièvres, ils sont bien plus nombreux en Thessalie que dans la région d'Athènes. Je te signale pourtant que c'est dans la ville même que tu pourras voir un animal que tu n'as certainement jamais vu, un tigre qui a été offert à la cité par je ne sais plus très bien quel roi de Syrie. Parmi les animaux que je puis encore te citer, il en est un qui, paraît-il, ressemble à un énorme taureau. Aristote, qui est allé en Thrace, m'a raconté qu'il en avait aperçu plusieurs. Ces "taureaux de Poénie, m'a-t-il dit, sont velus par tout le corps mais principalement autour de la poitrine et des membres [2] "

E n relisant les *Histoires* d'Hérodote d'Halicarnasse qui fut un grand voyageur, j'ai retrouvé aussi la mention d'animaux qui furent employés par les Perses, (…) : des chameaux qui mirent en fuite la cavalerie du roi de Lydie, les chevaux, paraît-il, ne pouvant supporter l'odeur de ces animaux qui sont fort laids.

2. Il s'agit du bison d'Europe.

Chasse au lion avec Alexandre le Grand et son lieutenant Krateros.

Musée archéologique. Grèce.
Ph. G. DAGLI ORTI
▼

...À SON JEUNE NEVEU KYNOPHILOS

A près lui, Xerxès (…) voulut les employer pour transporter les vivres de son armée, mais en cours de route ils furent attaqués et presque tous tués par les lions.. On m'a dit récemment qu'Alexandre avait appris que le roi Darius (qu'il se prépare à attaquer) comptait parmi ses troupes des éléphants qu'il avait fait venir de l'Inde. Si la victoire lui sourit, il a confié à Ptolémée [3] qu'il en ramènerait à sa cour de Macédoine, et je t'avoue que je suis très curieux, de voir ces bêtes que l'on dit fort guerrières. J'allais oublier de te rapporter une anecdote que l'on m'a récemment contée. Savais-tu que les jeunes bergers qui font brouter leurs troupeaux sur le Pinde ont une charmante façon d'honorer Aphrodite ? Ils vont l'hiver capturer des oursons qu'ils font nourrir par leurs brebis.

3. Lieutenant d'Alexandre le Grand.

DE LA CHASSE ET DES CHIENS DONT ON FAIT L'EMPLOI

J e reprends ma lettre que je viens d'interrompre pour accueillir mon ami Lydias qui arrive d'Athènes. Il venait me rendre l'argent que je lui avais prêté et ce fut pour moi l'occasion de voir sortir de sa bouche des oiseaux dont je ne t'avais pas parlé, les " chouettes de Laurion [4] ". Ce sont là des volatiles qu'il vaut mieux ne point chasser de sa maison, tu en conviendras... Puisque nous voilà, sur ce sujet, je ne sais si tu as l'occasion de voir ces excellents chiens de Laconie dont parle Xénophon et qui sont les meilleurs chiens courants pour chasser le lièvre. Je trouve qu'il vaut mieux courir ainsi cet animal jusqu'à ce qu'il vienne se jeter dans les filets que de l'assommer avec un bâton comme le font les gens des campagnes. Ces chiens sont des animaux aux oreilles minces et au museau pointu qu'Aristote prétend tenir à la fois du chien et du renard. Un vrai chasseur se doit d'en posséder de semblables, mais il doit aussi savoir se servir de la fronde et de l'arc pour tuer les oiseaux, lancer le javelot sur les cerfs et manier la massue et la hache s'il doit affronter un ours ou un loup.

J e ne t'ai pas parlé de la pêche parce qu'elle est indigne d'un homme libre, sauf peut-être celle que l'on pratique dans les rivières avec une fausse mouche faite de petits brins de laine rouge ou dans la mer avec le trident. La pêche est plutôt l'affaire de ceux qui en ont le métier et qui se servent généralement de filets pour rabattre les dauphins, les thons ou les espadons. J'ai vu dans l'île de Lesbos les pêcheurs sortir du port durant la nuit pour capturer les poissons avec des navires à feu. Ils allument de grandes torches de pin et les poissons attirés par la flamme sautent autour du bateau, venant d'eux-mêmes s'offrir aux coups des tridents. Moi-même je n'aime guère la pêche parce qu'elle ne saurait être l'occasion de pratiquer un exercice salutaire pour le corps... Je ne dédaigne pas cependant un bon plat de poissons.

4. Les pièces de monnaie d'Athènes, qui étaient frappées à l'effigie de la chouette, l'emblème de la déesse Athéna, étaient faites d'argent provenant des mines du Laurion...

Jeune homme avec un chien (détail). ➤

Ph. ARTEPHOT

LETTRE SUPPOSÉE D'HIPPODAMOS DE CORINTHE...

DES ANIMAUX ET DES DIEUX

Mais avant de te parler de ce que les animaux représentent pour nous dans les plaisirs de la table, je voudrais, mon cher Kynophilos, te rappeler le rôle qu'ils jouent dans nos rapports avec l'Olympe. Plutarque nous rappelle que "dans la science de l'avenir, la partie la plus ancienne et la plus considérable est celle qui s'appelle la science des oiseaux... Véritables instruments au service de la divinité" ; Euripide ne les qualifiait-il pas déjà de messagers des dieux ? L'aigle notamment, selon que tu le vois apparaître à droite ou à gauche, te donnera un présage favorable ou contraire. Si tu es amoureux, n'oublie pas non plus l'influence que peut avoir, sur le cœur de ta bien-aimée, le torcol, cet oiseau du délire qu'Aphrodite lia sur une roue par les quatre membres pour favoriser les amours de Jason et de Médée. Si tu veux interroger Apollon, n'omets pas de lui apporter une chèvre que le prêtre aspergera d'eau froide avant de l'égorger ; si tu la vois tressaillir sous cette aspersion, tu pourras en conclure que cette divinité est disposée à te répondre. Ne néglige pas d'examiner le foie des victimes que tu offriras en sacrifice aux dieux. S'il y manque un lobe, vois-y un funeste présage. N'est-ce pas ainsi que Cimon et Agésilas furent avertis de leur mort prochaine ?

Si tu te rends à Eleusis pour invoquer Déméter, sache que, pour t'initier à ses Mystères, il te faudra amener avec toi un porcelet que tu traîneras derrière toi en allant te baigner avant qu'il ne soit sacrifié par les prêtres. Chaque divinité a ses préférences : on offre surtout à Poséidon des taureaux; à Athéna des vaches, à Artémis et à Aphrodite des chèvres, à Asclépios des coqs et des poules, à d'autres encore des chiens, des colombes ou des chevaux. Les victimes doivent être saines et sans défaut, mais sache aussi qu'aux déesses mieux vaut offrir des animaux au pelage clair ou blanc, aux divinités des Enfers des victimes aux couleurs des ténèbres.

Mais défie-toi cependant de la superstition, Kynophilos. Mon ami Théophraste de Lesbos qui vient d'écrire un livre sur les caractères de nos contemporains s'y moque de ceux qui, précisément, tombent dans ce travers : "Qu'une belette traverse leur route, ils ne bougent plus avant d'avoir vu passer une autre personne et d'avoir lancé trois cailloux en l'air. (…) Un sac de farine a-t-il été éventré par une souris, immédiatement ils s'adressent à l'exégète pour savoir la conduite à tenir... Entendent-ils sur le chemin le cri d'une chouette, ils s'en émeuvent et ne poursuivent leur route qu'après avoir prononcé la formule : Athéna l'emporte !... Rencontrent-ils un de ces porteurs de couronnes d'ail que l'on peut voir dans les carrefours, ils font venir les prêtresses et leur demandent de les purifier avec le cadavre d'un jeune chien traîné en cercle autour d'eux [6]..." En historien que je suis, je n'accorde comme Thucydide qu'une foi très relative dans ces pratiques superstitieuses et même, je te l'avoue, dans la véracité des oracles.

Le moschophoros (porteur d'agneau). ▲

Grèce. Musée d'Athènes.
Ph. J. BRUN. EXPLORER

6. C'était là un rite courant du culte d'Hécate, patronne des magiciens et, elle aussi, originaire de Thrace.

Rhyton à forme de tête de taureau. ▶

Petit Palais de Knossos
Ph. ARTEPHOT/NIMATALLAH

...À SON JEUNE NEVEU KYNOPHILOS

Askos en forme de sanglier. ➤

Reggio di Calabria Musée archéologique.
Ph. G. DAGLI-ORTI

DES ANIMAUX DOMESTIQUES ET DES JEUX

L ydias m'a apporté un chat qu'un marchand venu d'Egypte lui a vendu. Il paraît que cet animal fait la chasse aux souris. Mais j'attends de le voir à l'ouvrage et, pour veiller sur mon grain, ma confiance va plutôt à mes putois familiers. Dans certaines de nos provinces, les éphèbes de ton âge s'amusent à faire combattre ensemble un chat et un chien qu'ils tiennent en laisse, ce qui permet au propriétaire du vainqueur d'encaisser les sommes misées par les parieurs. Je préfère pour ma part les combats de coqs, car j'admire beaucoup l'ardeur belliqueuse de ces volatiles lorsqu'ils s'affrontent dans l'arène avec les éperons de bronze en forme de "casque pointu" que l'on place sur leurs ergots.

J e voudrais à présent, mon cher Kynophilos, t'entretenir de quelques traits particuliers concernant les animaux que nos concitoyens élèvent à la campagne. Si tu veux toi-même te livrer à l'aveuglette dans cette aventure. Je ne te conseillerai pas, par exemple, d'élever des chevaux ou des bœufs en Attique ; les pâturages y sont trop maigres. Mieux vaut pour cela installer ta maison de campagne en Thessalie ou en Béotie. Les mules et les ânes, par contre, se contenteront de ces prairies médiocres. Ne ris pas, Kynophilos, ces animaux se vendent bien, car ils sont fort utiles pour les transports et tirer la charrue. L'élevage des mules est d'ailleurs plus délicat que tu ne pourrais l'imaginer. Tous les ânes, en effet, ne sont pas décidés à saillir les juments qu'il faut de préférence choisir de petite taille. De même celles-ci sont moins disposées à se laisser couvrir par des ânes, tant qu'elles ont tous leurs crins ; s'il faut en croire Xénophon, c'est pour cela que tous les éleveurs de mules coupent les crins aux juments qu'ils veulent faire saillir par un âne. Les porcs par contre sont d'un moins bon rapport. Pense qu'il n'en coûte que trois drachmes [7] pour se procurer le porcelet de lait que les jeunes gens doivent fournir pour l'initiation d'Eleusis. Quant aux moutons et aux chèvres, toutes nos contrées ne conviennent pas pour leur élevage. Certaines cités ont notamment décidé d'interdire celui des chèvres à cause de la négligence des bergers qui les laissent vagabonder dans les champs cultivés.

J' ai tenté ici d'avoir des abeilles, mais leur miel est bien loin d'avoir la saveur et le parfum de celui que produisent celles du mont Hymette. Je pense qu'il faut attribuer sa qualité aux délicates fleurs du maquis recouvrant ses pentes. Mes ruches sont en roseaux tressés et ressemblent à des paniers. Je les ai recouvertes de planchettes sous lesquelles s'accrochent les constructions de mes abeilles. Relis à l'occasion l'*Histoire des Animaux* d'Aristote, qui contient d'excellents conseils pour mener à bien semblable entreprise.

Hippodamos

7. Le prix d'un gros poisson !

ÂNES, MULES ET CHEVAUX

T ous les transports terrestres étaient effectués à l'aide d'ânes ou de mulets. Ces derniers servaient aussi aux travaux des champs, pour tirer la charrue, surtout en Attique où les bovidés étaient rares à cause de la pauvreté des terres. On utilisait également les mulets pour battre le blé, en les faisant tourner en rond attachés au bout d'une corde à un piquet planté au centre d'une aire empierrée.

Laboureur. Statuette en terre cuite. ▶
Thèbes, première moitié du VIᵉ siècle.

Ph. R.M.N.

B ien que les artistes de la Grèce antique nous aient légué de très nombreuses représentations de chevaux, leur élevage était assez peu développé, en raison même de la médiocre qualité des pâturages. Le cheval grec d'ailleurs ne jouissait pas d'une très bonne réputation ; il était considéré comme paresseux et vicieux. Les Grecs eux-mêmes n'étaient pas ce qu'ils convient d'appeler des cavaliers : la cavalerie de Périclès n'excédait pas un millier d'hommes et Alexandre le Grand, en dépit de la célébrité de sa monture, ne devait aligner que 700 cavaliers à la bataille d'Arbèles en 331, aux côtés de 40 000 fantassins. Le "Bucéphale" qu'il affectionnait n'était d'ailleurs certainement pas un modèle du genre ; son nom qui signifie "tête de bœuf" ne permet pas en tout cas d'imaginer qu'il fût très beau.

L es nombreuses œuvres d'art représentant des chevaux s'expliquent par le fait que cet animal avait été, dès l'origine, étroitement mêlé à la mythologie grecque et, plus tard, en raison de l'immense succès populaire des courses de chars qui apparurent aux Jeux Olympiques à partir du VIIᵉ siècle. Les chevaux grecs n'appartenaient pas à une race unique et définie, mais à plusieurs types. C'étaient en général des barbes de petite taille. On ne montait que les étalons (que l'on ne castrait pas), à cru, sans étriers, mais on se servait parfois d'éperons pour les inciter à sauter les fossés. Selon la sensibilité de la bouche du cheval, on utilisait un mors "lisse" ou un mors muni de "hérissons coupants".

◀ Naples. Musée archéologique national
Ph. ARTEPHOT/NIMATALLAH

es chevaux grecs n'étaient pas ferrés. Aussi appréciait-on beaucoup l'épaisseur et la dureté de la corne des sabots qui devaient "résonner sur le sol comme des cymbales". Pour durcir leurs pieds, on tenait les chevaux à l'écurie sur des lits de pierres afin qu'ils les piétinent "pour s'y arrondir les sabots". Lorsqu'en route le terrain devenait trop mauvais, on fixait cependant sous les pieds des "hipposandales", sortes de semelles ou de bottes de cuir maintenues aux paturons par des courroies. Enfin, et ceci témoigne bien de la fâcheuse réputation des chevaux grecs, il était recommandé de ne jamais sortir sa monture sans lui avoir mis sa muselière, "car la muselière l'empêche de mordre et, comme elle entoure sa bouche, elle sert à lui ôter l'envie de jouer des mauvais tours".

Cheval en bronze. ➤

Musée d'Athènes
Ph. Paul M. TATOPOULOS/EXPLORER

VIANDES ET POISSONS SUR LA TABLE DES GRECS

Plat à poissons. IVe siècle av. J.-C.
▼ Paris. Ph. R.M.N.

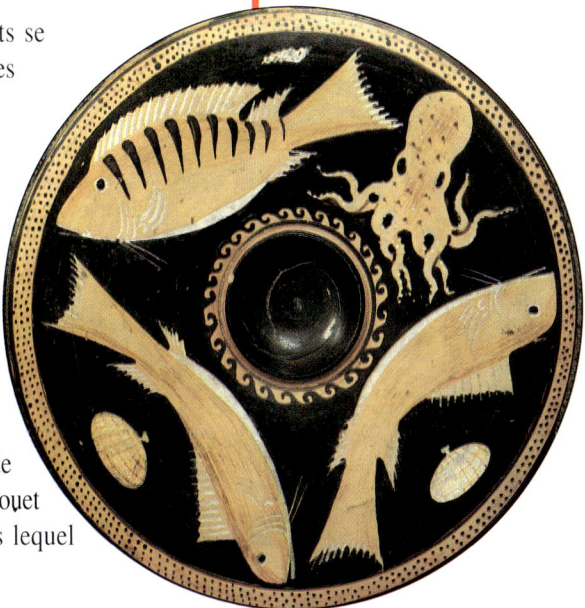

ans les villes où la viande était chère, sauf celle du porc, les habitants se nourrissaient essentiellement de poissons (avec du pain, des fèves et des lentilles en purée, des olives, de l'ail, des oignons et du fromage). Aussi les marchés au poisson étaient-ils particulièrement bien approvisionnés. On y trouvait du poisson de mer, surtout des sardines, des anchois et des thons, des coquillages et des mollusques, des seiches et des calmars. Mais les Grecs appréciaient également le poisson d'eau douce, notamment les fameuses anguilles du lac Copaïs.

a viande figurait surtout au menu des gens fortunés ou de ceux qui vivaient à la campagne. C'était principalement du porc, du chevreau, du mouton, des volailles et du gibier. Dans ces familles, le dessert était souvent agrémenté de raisin, de fruits secs, de noix, de figues et de gâteaux à base de miel. Très relevée, la cuisine était préparée à l'huile d'olive. Le fameux (!) brouet noir des Spartiates était une sorte de ragoût de porc fortement épicé, dans lequel entraient également du sang et du vinaigre.

LE SAVIEZ-VOUS ?

LE "CHANT DU BOUC"

L a chèvre symbolisait l'éclair et le bouc servait de monture à Dionysos et à Pan, souvent représentés revêtus de sa peau. Le mot tragédie qui signifie étymologiquement "chant du bouc" correspondait à l'origine à un hymne religieux en l'honneur de Dionysos.

DANS LES BASSES-COURS

C oqs, poules et canards étaient communs dans les basses-cours. On y voyait aussi des pintades, introduites d'Afrique au Ve siècle av. J.-C. Selon Homère, Pénélope possédaient déjà des oies (ce furent les Grecs qui inventèrent le "Jeu de l'"Oie" qui symbolise les embûches que doit traverser l'homme durant sa vie). Bien que symbolisant la résurrection, la vigilance et la vitalité, les coqs étaient sacrifiés à Thanatos, dieu des Morts. On élevait également des cygnes. Symboles de la grâce, ils étaient dédiés à Aphrodite et c'est, croyait-on, sur un char tiré par ces oiseaux qu'Apollon revenait en Grèce chaque année après son voyage légendaire chez les Hyperboréens du Nord. Enfin, c'est d'un œuf, pondu par Léda (que Zeus avait séduite en prenant la forme d'un cygne) que naquirent les jumeaux Castor et Pollux... selon la légende, bien sûr.

◄ *Hercule et les oiseaux du lac Stymphale.*

Ph. EXPLORER

APPRIVOISÉS

L es chats étaient rares : les Grecs allaient en voler aux Egyptiens. Mais on trouvait dans les maisons à la campagne des putois, des fouines et des mangoustes apprivoisés.

OISEAUX D'HÉRA

L es paons, oiseaux d'Héra, étaient élevés autour du temple de la déesse, dans l'île de Samos. Dès l'époque de Périclès ce bel oiseau était connu des Grecs. Des poules sultanes, gros gallinacées au plumage bleu au bec et aux pattes rouges, vivaient également sur les pièces d'eau entourant les édifices du culte.

LE CULTE DU TAUREAU

▲ *La tauromachie. Palais de Knossos*

Ph. N.THIBAUT/EXPLORER

S ymbole des forces reproductrices de la nature, le culte du taureau des origines évolua par la suite, mais on continua à offrir l'animal en sacrifice aux divers dieux de l'Olympe. Dans la Grèce classique avaient lieu des "corridas" au cours desquelles des cavaliers devaient s'emparer du taureau et le coucher à terre en le maintenant par les cornes.

LE CHIEN D'APOLLON

L e chien occupe également une place importante dans la mythologie grecque. Le premier chien dressé, en effet, l'aurait été par Apollon qui ensuite en aurait fait don à Artémis pour qu'il l'accompagne à la chasse. A l'époque, on ne coupait pas la queue et les oreilles de certains chiens comme on le fait de nos jours ; mais un Athénien du nom d'Alcibiade décida un jour de faire couper la queue du sien pour attirer sur lui l'attention de ses concitoyens.

Scène de chasse. Palais de Tirynthe. (1 300 av. J.-C.)

Ph. ARTEPHOT/NIMATALLAH

LES POISSONS D'APHRODITE

C onsacrés à la déesse de l'Amour, Aphrodite, les poissons rouges étaient également en honneur à Athènes. Un insecte aussi avait la faveur des élégantes athéniennes, la cigale, un des symboles de la musique. On la gardait en cage et les femmes l'attachaient dans leur coiffure avec des fils d'or.

Imprimé en Italie par GEA. Milan
Dépôt légal n° 4625-10-91 — Collection n° 01 — Édition n° 01
I.S.B.N. 2.01.017249-3

Loi n° 49-956 du 16 juillet 1949 sur les publications destinées à la jeunesse. — Dépôt .10.91

29/1097/4
91-X

1849

COLLECTION VIE SECRÈTE DES BÊTES

☐ La préhistoire ☐ Dans les bois et les forêts ☐ Dans le grand nord ☐ Dans les déserts

☐ Les bords de mer ☐ Dans l'océan ☐ Dans la savane ☐ Dans les montagnes

☐ Dans les lacs et rivières ☐ Les rapaces d'Europe ☐ À la campagne

☐ Dans les jardins et les maisons ☐ À la ferme ☐ Les animaux et leurs petits ☐ Dans les forêts vierges

☐ Dans la grande prairie ☐ Les animaux des îles

☐ Les animaux rares ☐ Les animaux migrateurs ☐ Les animaux invisibles